ACCESO GRATIS *a la Lectura en la Nube*

Para visualizar el libro electrónico en la nube de lectura envíe junto a su nombre y apellidos una fotografía del código de barras situado en la contraportada del libro y otra del ticket de compra a la dirección:

ebooktirant@tirant.com

En un máximo de 72 horas laborales le enviaremos el código de acceso con sus instrucciones.

La contaminación de los sectores económicos en la ciudad de Morelia, 2003-2013: gases efecto invernadero

Procedimiento de selección de originales, ver página web:
www.tirant.net/index.php/editorial/procedimiento-de-seleccion-de-originales

Miguel Ángel Vite Pérez
Gabriel Tapia Tovar
Melissa Rafaela Melgarejo Valdés

La contaminación de los sectores económicos en la ciudad de Morelia, 2003-2013: gases efecto invernadero[1]

tirant humanidades
Ciudad de México, 2024

1. Esta obra es producto del proyecto de investigación SIP IPN 20241347 en donde el director es el profesor Miguel Ángel Vite Pérez (ESE-IPN).

En caso de erratas y actualizaciones, la Editorial Tirant Humanidades publicará la pertinente corrección en la página web www.tirant.com.

Este libro fue dictaminado por pares doble ciego ajenos a las instituciones educativas y de investigación ajenas a la de los dos autores y autora.

© TIRANT HUMANIDADES
DISTRIBUYE: TIRANT HUMANIDADES MÉXICO
Av. Tamaulipas 150, Oficina 502
Hipódromo, Cuauhtémoc,
CP 06100, Ciudad de México
Telf: +52 1 55 65502317
infomex@tirant.com
www.tirant.com/mex/
www.tirant.es
ISBN: 978-84-1183-868-9
MAQUETA: Tirant lo Blanch

Si tiene alguna queja o sugerencia, envíenos un mail a: atencioncliente@tirant.com. En caso de no ser atendida su sugerencia, por favor, lea en *www.tirant.net/index.php/empresa/politicas-de-empresa* nuestro Procedimiento de quejas.

Responsabilidad Social Corporativa: *http://www.tirant.net/Docs/RSCTirant.pdf*

Índice

Siglas

MIP. Matriz Insumo-Producto, GEI. Gases de efecto invernadero, IPCC, Panel intergubernamental de cambio climático, INEGI. Instituto Nacional de Estadísticas y Geografía, INECC. Instituto Nacional de Ecología y Cambio Climático, SEMARNAT. Secretaría de Medio Ambiente y Recursos Naturales, ONU. Organización de las Naciones Unidas, SCIAN. Sistema de Clasificación de la Industria de América del Norte, Gg. Gigragramos, DENUE. Directorio Estadístico Nacional de Unidades Económicas, MIPYMES. Micro, pequeñas y medianas empresas, FICM. Festival Internacional de Cine en Morelia.

ON: Óxido nítrico, HC: Hidrocarburos, CO: Monóxido de carbono, CO_2: Bióxido de carbono, COCOTRA: Comisión Coordinadora de Transporte.

Introducción

En los últimos años, se relaciona el constante crecimiento económico con los principales problemas ambientales, como el cambio climático y las emisiones de gas efecto invernadero; en tanto que, la industria y la urbanización se acelera, se presentan mayores emisiones contaminantes que a su vez alteran el entorno ambiental, el cual principalmente repercute en los insumos, siendo estos la base del sistema productivo y posterior aprovechamiento para el consumo humano.

El calentamiento global es un problema que no excluye a nadie y con el paso paulatino del tiempo este se agrava más; fue en el siglo pasado que se comienzan a tomar medidas para mitigar el crecimiento descontrolado de aquellos factores identificados como principales contaminantes. Con base a un diagnóstico del Programa de las Naciones Unidas por el Medio Ambiente PNUMA (2000) de la situación del medio ambiente del mundo, se clasifican los principales problemas ambientales como: el cambio climático y el efecto invernadero; el adelgazamiento de la capa de ozono; la alteración del ciclo del nitrógeno; la pérdida de diversidad biológica; la contaminación atmosférica; la contaminación hídrica y el acceso al agua potable; la contaminación y pérdida del suelo: erosión, deforestación y desertificación; generación de residuos; la contaminación de los mares y sobre el aprovechamiento de recursos pesqueros; y la contaminación acústica.

Con la presencia de los cambios de temperaturas, es decir, el aumento de la temperatura media global y con ello el aumento del nivel del mar que ocasiona inundaciones, fenómenos meteorológicos extremos, migración de diversas especies, entre otros fenómenos, es que, se comienza a trabajar respecto el tema. Por otra parte, la contaminación se presenta en los distintos elementos naturales, manifestándose en el aire, suelo y agua. Repercutiendo de esta manera, directamente en la salud de la población, ya sea que la contaminación se presenta en el aire que se respira o los alimentos que se ingieren, siento así un daño constante al que se exponen a toda la población día a día y repercutiendo por medio de enfermedades crónicas, disminución del nivel de vida y la muerte (Greenpeace, 2018).

Siendo históricamente relacionada la industria con la contaminación, ya que, desde la primera revolución industrial comienza a aumentar la degradación ambiental, puesto que se dinamiza la producción y con ello la expansión industrial. Y aunque en su época un invento innovador, la máquina de vapor contaminaba en cantidades nunca antes registradas, no fue hasta décadas después que se percatan y se comienzan a implementar métodos menos dañinos. Actualmente el mercado cada vez incorpora métodos más amigables con el ambiente, desde la manera de obtener los insumos, en su proceso de producción y en la comercialización. Sin embargo, el cambio que se percibe es mínimo comparado a los datos históricos, y no es de extrañar, ya que muchas empresas nacieron con el ritmo de globalización poco amigable y el proceso de adaptación llega a ser difícil y para otras incluso imposible. Por lo que, en Michoacán y particularmente en Morelia se espera que la relación entre crecimiento económico-contaminación continúe, ya qué, el nivel de innovación y tecnología implementado en los sectores económicos mayormente es obsoleto en la región.

A pesar de los distintos acuerdos y políticas nacionales e internacionales que se han implementado en las últimas décadas respecto a la disminución de las emisiones de gas efecto invernadero, pocas veces se logra percibir el impacto que se genera en la estructura económica local a consecuencia de la emisión de gases efecto invernadero, por lo que, identificar los clúster económicos y contaminantes para posterior obtener los sectores claves que más estimulan la actividad económica en la ciudad, así como aquellos que más estimulan la emisión de gases efecto invernadero, ayudaría a comprender de manera más precisa la estructura económica de Morelia y servirá como fundamento científico para dar paso a una política pública regional en materia ambiental en caso de ser necesaria.

Existe un trabajo de investigación que analiza la relación de crecimiento económico-contaminación en Morelia, pero se empleó la matriz

Insumo-Producto con base en 2003; uno de los propósitos del presente trabajo de investigación es analizar ambos resultados (2003 y 2013) y explicar el comportamiento de la evolución que estos presentan, fundamentándolo con base en la estructura económica de Morelia.

El documento está integrado por la introducción, donde se engloba de manera general los aspectos del trabajo de investigación. Seguido de cuatro capítulos: el primero corresponde al marco teórico, que a su vez se divide en 4 secciones: *medio ambiente*, en el cual se desarrolla tanto los antecedentes y evolución del cambio climático y los gases de efecto invernadero, así como principales acuerdos internacionales en materia ambiental que se han firmado y continúan vigentes, teorías que abordan la relación economía y medio ambiente y síntesis de distintos trabajos de investigación de autores contemporáneos que han trabajado con la matriz insumo producto y la emisión de gases efecto invernadero; *políticas públicas*, donde se definen las principales características que las constituyen y el marco normativo mexicano en el que se señalan las principales normales, leyes y reglamentos en materia de medio ambiente que actualmente se rigen, tanto a nivel Federal, estatal y municipal; *análisis clúster*, en el cual se explica el comienzo, evolución y las principales teorías de este; *y la matriz Insumo-Producto*, donde se aborda su origen, antecedentes históricos, la evolución que va presentando y concretamente en México el desarrollo que ha tenido a través de distintas instituciones públicas y su estructura. El capítulo dos corresponde a la metodología implementada en el trabajo, se compone de la *regionalización de la MIP a nivel municipal*, que explica donde se obtiene la matriz nacional, los pasos para regionalizarla a nivel estatal y así poder regionalizarla a nivel municipal; después se desarrolla el procedimiento para la *elaboración del inventario regional de gases efecto invernadero de Morelia 2013*, en el cual, se consultaron distintas instituciones públicas que manejan inventarios de GEI, así como la homologación de los sectores según la metodología del IPCC y el SCIAN; seguido del desarrollo para *la identificación clúster*, en la cual mencionan y explican distintas ecuaciones a desarrollar para lograr identificar los sectores que conforman los diferentes clúster (económico y contaminante) en Morelia;

continuando con la *identificación de sectores claves*, cuyo desarrollo está estrechamente relacionado con la identificación clúster, ya que, con base en los resultados obtenidos en dicho apartado es que se logra desarrollar este; finalmente se desarrolla la teoría de grafos que servirá como apoyo en desarrollar los últimos dos apartados mencionados. El capítulo tres corresponde al desarrollo del modelo Insumo-Producto y su relación con los gases de efecto invernadero, en donde, con base en las metodologías desarrolladas se presentan los resultados obtenidos, así como la interpretación de estos, dividiéndose en cuatro apartados cada uno con sus respectivos resultados e interpretaciones, la *identificación clúster económica en Morelia*; los *sectores claves contaminantes en Morelia*; la *identificación clúster contaminante en Morelia*; y los *sectores claves contaminantes en Morelia*. El capítulo cuatro presenta los resultados, es decir, los resultados más significantes arrojados en el desarrollo del modelo; conformado por dos apartados, en el primero se *contrastan con los resultados* obtenidos en el estudio realizado con base en la matriz Insumo-Producto de 2003, comparando los sectores más contaminantes, los que más estimulan la economía y el índice de crecimiento de la contaminación arrojado por cada sector en ambos periodos; y en el segundo se presenta un apartado sobre el sector económico más contaminante durante el análisis de 2013, desarrollando el contexto económico del sector en la ciudad así como mencionando algunos de los principales instrumentos regulatorios existentes para el sector y especificando los resultados obtenidos mediante el análisis Insumo-Producto. Posterior se presentan las conclusiones generales de resultados específicos en el estudio. Finalmente se encuentran las referencias bibliográficas, seguido de los anexos.

Capítulo 1. Marco teórico

1.1. Medio ambiente (Cambio climático).

El medio ambiente y la economía están estrechamente relacionados, ya que, el medio ambiente se encarga de la conservación y manejo correcto de los recursos naturales, la economía es la responsable de mantener el equilibrio entre el aprovechamiento de los recursos naturales y el satisfacer las necesidades humanas.

Con el paso del tiempo y dada lo acelerado de la globalización, esta relación se ha vuelto más difícil de mantener, puesto que, el crecimiento de las industrias estimula la economía por medio del empleo, los ingresos y el nivel de vida de la población. Sin embargo, el crecimiento poco regulado de la industria llega a presentar externalidades negativas y por lo tanto costosas para la población. Entre las externalidades se presentan desde la disminución en la productividad de otras actividades productivas, de la calidad de los recursos naturales, la calidad de la salud humana y en el peor de los casos la muerte (Ázqueta, 2007).

1.1.1. Antecedentes históricos y evolución del tema.

La Convención Marco sobre el Cambio Climático, lo define como aquella alteración en el clima a nivel mundial, a causa de las acciones directas e indirectas de la actividad humana y que contribuye a la variación del clima en distintos periodos del tiempo comparables, (ONU, 1993). Mientras que el grupo Intergubernamental de Expertos sobre el Cambio Climático o Intergubernamental Panel on Climate Change (IPCC, 2013) señala que, las causas del cambio climático también se llegan a producir de manera natural como las erupciones volcánicas o los ciclos solares; definiendo el cambio climático como aquella alteración en el clima que es por un tiempo prolongado como décadas.

A nivel mundial se da a conocer por primera vez sobre la concentración atmosférica de CO2 en la tierra con el estudio de Charles Kelling en 1958, cuyo primer registro fue ese año y el cual continua hasta la fecha, siendo conocida como "curva de Kelling" la cual muestra la tendencia anual de la concentración de CO2 (BioInteractive, 2017).

El gráfico 1 presenta la tendencia anual desde la fecha de registro hasta el 2020. La línea roja representa los valores medios mensuales centrados a mediados de cada mes y la línea negra representa lo mismo, después de la corrección para el ciclo estacional promedio.

Gráfico 1. *Curva de Kelling.*

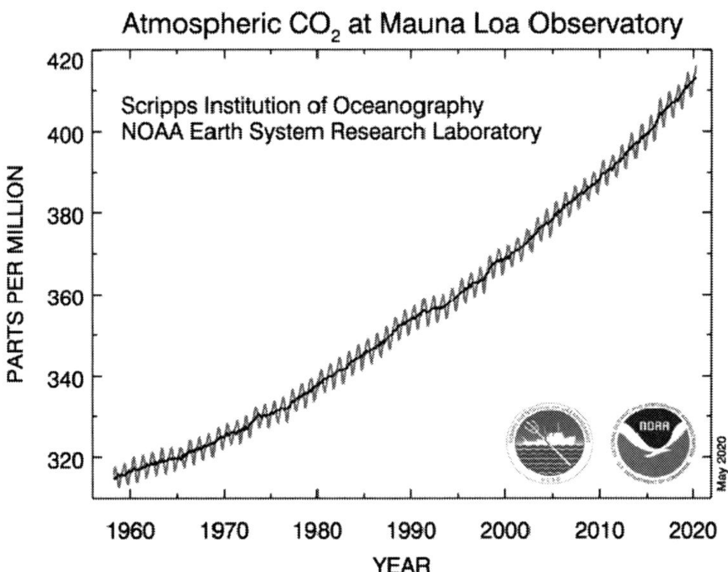

Fuente: Laboratorio de Monitoreo Global de la Administración Nacional Oceanica y Atmosferica (NOAA, 2020). *Trends in Atmospheric Carbon Dioxide.* https://www.esrl.noaa.gov/gmd/ccgg/trends/

Siendo dicha aportación el principio de una serie de estudios para las medidas de la nueva problemática mundial, ya que la cantidad de CO2 que se concentraba fue comparada una década después, presentando un crecimiento constante. Lo cual inquieta a la comunidad científica, ya que, esto daría paso a problemas como el efecto de gas invernadero y con ello el calentamiento global.

1.1.2. Principales acuerdos internacionales en materia ambiental.

No es hasta 1972 cuando los organismos internacionales comienzan a dialogar respecto al tema, siendo en la Primera Conferencia de Naciones Unidas sobre el Medio Humano (conocida como la Conferencia de Estocolmo), en la que, se discute principalmente de la contaminación por componentes químicos, las bombas nucleares y la caza descontrolada de ballenas, fijando reuniones que se llevarán a cabo cada 10 años, para dar seguimiento del estado ambiental y el impacto que se haya generado. En 1979 se lleva a cabo la Primera Conferencia Mundial sobre el clima, en esta se considera el cambio climático como un problema serio y alarmante del cual se deben tomar medidas inmediatas ya que se reconoce a la actividad humana como factor principal del cambio climático. En 1987 el Protocolo de Montreal se diseña con el fin de proteger la capa de ozono, controlando la producción y consumo de las 8 sustancias más dañinas para la capa de ozono. En 1988 el Programa de las Naciones Unidas para el Medio Ambiente (PNUMA), la Organización Mundial de Meteorología (OMM) y el Consejo Internacional de Uniones Científicas (ICSU) crean el Panel Intergubernamental de Expertos sobre el Cambio Climático (IPCC), organización internacional cuya principal función es conocer para informar respecto al impacto que genera el cambio climático en la economía, la política, los riesgos naturales que se corren así como brindar posibles soluciones a dicha problemática que llegue a generar. En 1994 entra en vigor la Convención Marco de las Naciones Unidas sobre el Cambio Climático (conocida como la Cumbre de la Tierra) como primer tratado internacional con el fin de conseguir un desarrollo sostenible global, con este se adopta entre las naciones un programa conocido como Agenda 21, en el que se pretende vincular la ciencia y el desarrollo sustentable enfocado principalmente en el consumo energético, el desarrollo industrial y el transporte, para reducir la emisión de gases contaminantes, proteger la biodiversidad y erradicar el cambio climático. En 1997 se adopta el Protocolo de Kioto, el cual obliga jurídicamente a los países desarrollados a disminuir la emisión de gases de efecto invernadero, estableciéndose reducir un 5.2% dos fechas de contraste, la primera de 2008 a 2012 y la segunda de 2013 a 2020 (Naciones Unidas, s. f.). En 2015 se lleva a cabo el Acuerdo de París, en el que se busca alcanzar economías bajas en emisiones y más comprometidas con el cambio climático; se estableció mantener la temperatura promedio mundial por debajo de los 1.5°C (Lucas, 2018).

En el gráfico 2 se muestra el cambio de temperatura global de la superficie de la tierra con relación a las temperaturas promedio de 1951 – 1980. Los años registrados como más calurosos han sido los últimos 20 años, a excepción de 1998 cuya temperatura promedio anual registrada fue de 0.61 °C, mientras que en 2020 fue de 1.02 °C y a la fecha el año más caluroso ha sido 2016 con 1.02 °C.

Gráfico 2. *Índice global de temperatura de tierra occidental.*

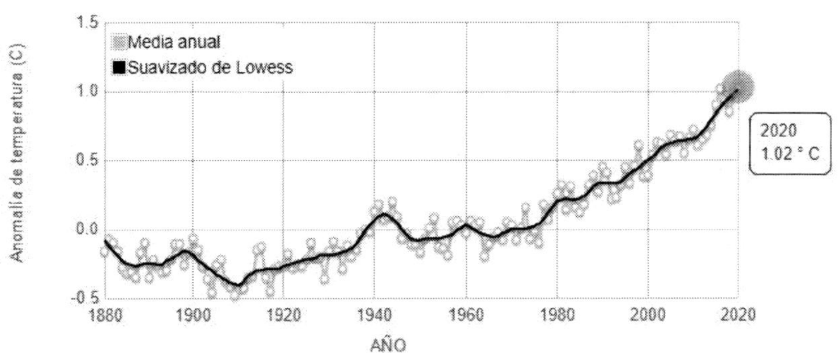

Fuente: Instituto Goddard de Estudios Espaciales de la National Aeronautics and Space Administration. (NASA, 2021). *Global Temperature.* https://climate.nasa.gov/vital-signs/global-temperature/

El aumento de la temperatura global y regional va ligado con la emisión de gases de efecto invernadero, como bien se muestra en el gráfico 3, la relación entre la concentración de dióxido de carbono y las anomalías en la temperatura presentan un comportamiento similar, ya que se observa como a través de los años el comportamiento es creciente y constante.

Gráfico 3. *Relación entre las emisiones de dióxido de carbono y la temperatura.*

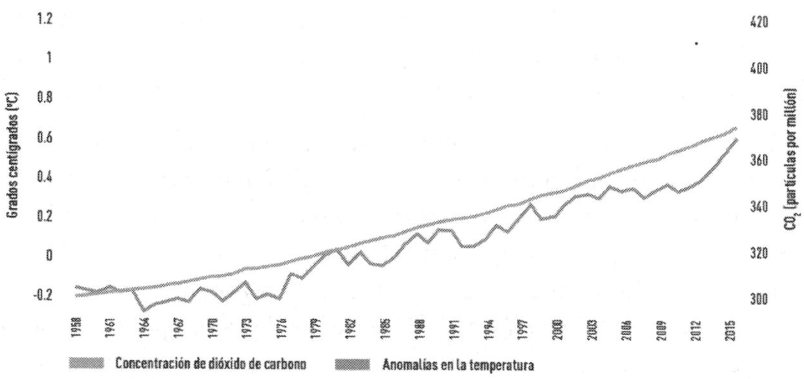

Fuente: National Aeronautics and Space Administration, "Global climate change: global temperature", National Aeronautics and Space Administration, https://climate.nasa.gov/system/internal_resources/details/original/647_Global_Temperature_Data_File.txt

Citado de: Rodríguez, Saul. (s.f.). El reto del cambio climático más allá de 2018. https://imco.org.mx/indices/memorandum-para-el-presidente-2018-2024/capitulos/mexico-es-la-economia-numero-15-del-planeta-mapa-de-ruta-para-comportarnos-como-un-actor-global/el-reto-del-cambio-climatico-mas-alla-de-2018

1.1.3. Gases Efecto Invernadero.

A lo largo de las décadas y con estudios científicos que lo respalden, la ciencia da por hecho que el principal factor del cambio climático es la emisión de gas efecto invernadero, el cual ha presentado una significante aceleración posterior a la revolución industrial.

En 1820 el matemático Joseph Fourier tras varios estudios sobre el calor, propone que la atmosfera pudiera aumentar el calor que se emite en la Tierra. Para 1860, el físico John Tyndall descubre que el gas CO_2 es capaz de absorber el calor de la tierra y a su vez llegar a repercutir en la temperatura de esta. En 1896 Svante Arrhenius publica el artículo *"On the Influence of Carbonic Acid in the Air upon the Temperature of the Ground"*, en el cual se arrojaron las primeras estimaciones de la sensibilidad de la temperatura terrestre a los cambios en el dióxido de carbono (Charlson, R. J., 1999).

De acuerdo con la ONU (1992, p. 4): " Por "gases de efecto invernadero" se entiende aquellos componentes gaseosos de la atmósfera, tanto naturales como antropógenos, que absorben y reemiten radiación infrarroja".

La tierra recibe radiación emitida por el sol que se filtra mediante la atmosfera por una serie de gases (vapor de agua (H_2O), dióxido de carbono (CO_2), óxido nitroso (N_2O), metano (CH_4) y ozono (O_3)) llegando al suelo aquella energía óptima para que se desarrolle la vida en la tierra. Posteriormente, esta energía retorna a la atmosfera para culminar el ciclo. Cuando estos gases emitidos en la tierra son por cantidades mayores, al llegar a la atmosfera comienzan a acumularse, impidiendo que se libere la energía que la tierra no necesita, provocando un efecto similar al de un invernadero, dado que aumenta el calentamiento de la tierra (Caballero, Lozano y Ortega, 2007).

1.1.4. Los gases efecto invernadero y la economía.

Se ha estudiado la relación entre los gases efecto invernadero y la economía, sin embargo, en el presente trabajo solo se menciona la curva de Kuznets, la paradoja de Jevons y se presentan los resultados de un estudio en China de todos los estudios existentes hasta la actualidad en relación con este tema.

La curva ambiental de Kuznets sugiere la existencia de una relación entre crecimiento económico y medio ambiente, representa una curva en la que se explica el comportamiento de los ingresos per cápita y algunos indicadores ambientales formando una curva en forma de U invertida (Gómez, Barrón y Moreno,2011).

La paradoja de Jevons plantea que a medida que se encuentran maneras o medios más eficientes en el consumo de energía (contaminen menos), tiende a aumentar la demanda de este y por lo tanto se contamina más (Ramos, 2012).

Un ejemplo de esta es el comportamiento energético que presentó China de 1985 a 2009, en el gráfico 4 se muestra que a medida que la curva de intensidad energética decore, la curva de consumo de energía aumenta. Presentando estas variables un comportamiento proporcionalmente inverso.

Gráfico 4. *Relación intensidad-consumo de energía China.*

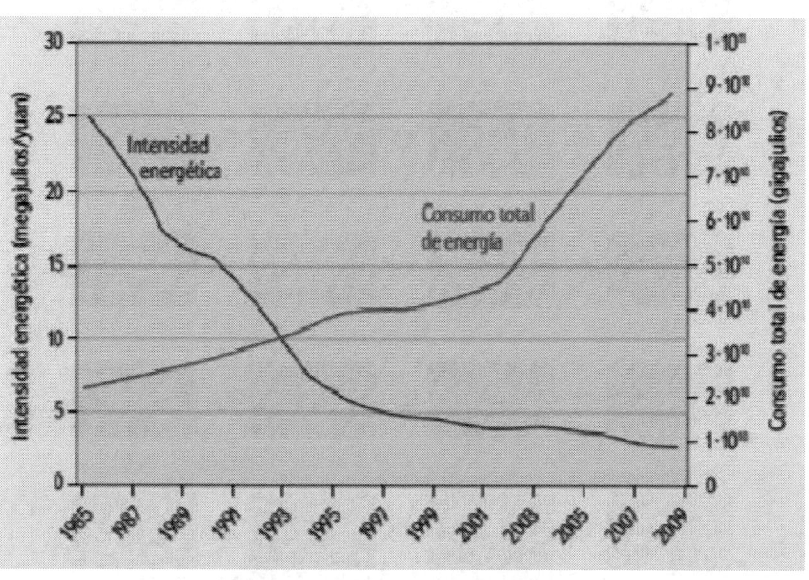

Fuente: Ramos, M. J. (2012). Economía Biofísica. *Investigación y ciencia.* p. 71. https://www.investigacionyciencia.es/files/7093.pdf

1.1.5. Gestión ambiental en México.

La consciencia ambiental en México se ha ido promoviendo conforme los acuerdos internacionales que se firman respecto a la mitigación del medio ambiente. En la figura 1 se muestra el marco normativo que se ha regido en el país a través de los años.

Figura 1. *Evolución de la gestión ambiental en México.*

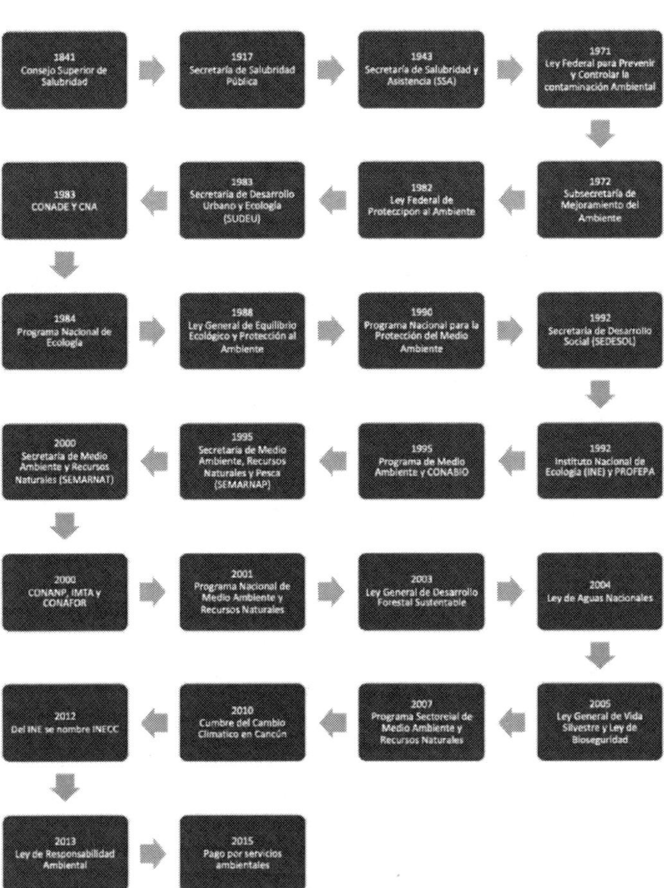

Fuente: Elaboración propia con base en Alfie C., Miriam (2016) y Pérez Calderón, J. (2010).

La política ambiental en México ha ido sincronizada a los acuerdos internacionales que se firman en relación al medio ambiente. Así mismo se divide en 3 etapas, la primera tiene que ver con materia de salubridad, mejorando el medio ambiente natural para la población. En la segunda etapa va enfocada a la restauración y preservación del medio ambiente, así como limitando la expansión industrial que esté por encima de este. En la tercera etapa se orienta al desarrollo sustentable, con planes de desarrollo nacionales puntualizando en materia ambiental y políticas ambientales más estrictas.

En Michoacán, el marco normativo ambiental está constituido conforme se plantean las medidas por los organismos internacionales en los acuerdos en los que México participa, como el protocolo de Kyoto, el Panel Intergubernamental sobre el cambio climático, así como las diversas convenciones.

Con base en el artículo 14 de la Ley de cambio climático del estado de Michoacán, la política de mitigación debe incluir un diagnóstico, planificación, medición, monitoreo, reporte, verificación y evaluación de las emisiones estatales. A través de planes, programas, acciones instrumentos económicos, de política, regulatorios y de inspección y vigilancia para lograr disminuir las emisiones metas fijadas. Así como los municipios están obligados a entregar un informe anual respecto a las políticas públicas, metas e indicadores urbanos y ambientales que las autoridades locales se comprometan a cumplir durante su periodo de gobierno según el Congreso de Michoacán de Ocampo (7 de noviembre de 2017).

1.1.6. Marco normativo ambiental mexicano

Con base en el artículo 18 de la Ley de Responsabilidad ambiental para el Estado de Michoacán de Ocampo, será la responsabilidad ambiental cuando los daños ocasionados al ambiente sean directa o indirectamente de cualquier acción relacionada con residuos especiales o urbanos.

Con base en la Ley de responsabilidad ambiental para el estado de Michoacán de Ocampo en la cual, con base en los artículos 7, 10, 16 y 18 se señala al gobierno como a la secretaría responsable de la creación de normas para considerar el daño ambiental según el nivel y cambio del deterioro ambiental, así como responsabilizar a aquellos organismos, personas físicas o morales que dañen el ambiente, afecten la salud de terceros por medio de la contaminación con la reparación o en su caso compensación ambiental.

Con base en el artículo 72 de la Ley de Cambio Climático del Estado de Michoacán, da a conocer que, los instrumentos implementados para ayudar a que los agentes económicos asuman los beneficios y costos de contaminar derivado de las actividades que realicen y para favorecer a que lleven a cabo acciones que favorezcan el medio ambiente, se encuentran los instrumentos económicos, mecanismos normativos y administrativos de carácter fiscal, financiero o de mercado. Por lo tanto, el certificado que se emite en la unidad de verificación una vez que el vehículo aprobó la prueba, deberá estar actualizado año con año, así como ser requisito para continuar circulando y operando las actividades (entre las distintas actividades que integran el autotransporte de carga) que dicho vehículo realiza dentro de la ciudad.

Con base en la Ley de cambio climático del estado de Michoacán de Ocampo, con base en los artículos 10, 17, 38, 39, 43, 71, 73 y 83, se manifiesta que, la formulación, conducción y ejecución de la política estatal en materia de mitigación del cambio climático será conforme a lo establecido en la Ley General de Cambio climático, así como, se deben establecer diagnóstico, planificación, medición, monitoreo, reporte, verificación y evaluación de emisiones estatales; los programas estatales en materia ambiental serán publicados cada seis años por parte de la Secretaría a través del Diario Oficial de la Federación, mientras que el balance y actualización del registro energético lo hará la secretaría cada tres años. Los trabajos de investigación entran entre las herramientas prioritarias para la aplicación de los instrumentos económicos. Los artículos desglosados se encuentran en el anexo 7.

1.2. Análisis clúster.

Si bien el análisis clúster no tiene fecha exacta de sus orígenes, se puede notar que Marshall comienza a estudiarlo por medio de los sistemas productivos locales o bien llamados "distritos marshallianos" en los que percibió una atmosfera industrial capaz de apoyarse mutuamente para el crecimiento. (Carreto, 2013).

Es hasta 1990 que Michael Porter utiliza y analiza este término para sus investigaciones como un conjunto de industrias en una zona determinada en la que cooperan entre sí por el bien entre los participantes, tratándose de temas de innovación, reducción de costos y ganar mayor competencia; aunque no existe una definición como tal del término, varios de los autores que abordan este concepto lo interpretan como como una colección de compañías e instituciones geográficamente cercanas entre sí, las cuales están ligadas por intereses comunes y cuyas actividades se complementan. (Huerta, 2012).

Sin embargo, con base en Mariscal (2013), es posterior al 2000 que se comienza a reconocer este término por organismos mundiales que permiten la consolidación de este como concepto vinculado al desarrollo local y regional, tales organizaciones como el Banco Mundial, la Organización para la Cooperación y el Desarrollo Económico y la Comisión Europea.

1.2.1. Antecedentes y evolución histórica del clúster.

El clúster cuenta con un ciclo de vida, la etapa inicial o emergente se caracteriza por el número reducido de empresas participantes, no existe un factor dominante, es fuerte la incertidumbre respecto a la trayectoria que presentarán en el futuro y dada la inestable consolidación que se presenta atrae a más empresas a integrarse por lo que es heterogénea la integración industrial; en la etapa de crecimiento la dinámica industrial y tecnológica se establece, dado el fortalecimiento de consolidación la incertidumbre respecto a la trayectoria futura se reduce, un diseño imponente se establece, el mercado se expande y por lo tanto se genera un fuerte crecimiento reduciendo a su vez la heterogeneidad establecida entre las empresas, es en esta etapa en la que se presenta un mayor nivel de innovación tanto en las empresas como en el clúster; en la fase de madurez el clúster ya está establecido, el diseño imponente continua y por lo tanto se reduce el nivel de participación de empresas y aumenta la barrera de entrada, se detiene la expansión del mercado por la competencia de precios aumenta y las innovaciones se mantienen estables; en la etapa de declive se presenta como consecuencia a la limitación de capacidades de transformación del clúster por lo que agola la trayectoria, la entrada de nuevas empresas disminuye y la salida aumenta, las innovaciones son escasas por lo que se encuentran estancados (Crespo, 2014).

Aproximadamente se requieren de 10 años para que el clúster pueda presumir de madurez, en esta etapa ya habrá alcanzado ventaja competitiva y sus ventajas de entrada estarán reducidas. La declinación de estos se da principalmente por disminución en la productividad, innovación o restricciones sindicales o leyes inflexibles que inciden en la productividad. (Huerta, 2012).

1.2.2. Principales teorías del análisis clúster.

1.2.2.1. Teoría de la localización industrial.

Desde el punto de vista de Rodríguez, J. J., Bernal, M., Cota, R. y Ortiz, E. R. (2016), las industrias no pueden estar distribuidas por todo el territorio, la causa de su ubicación es principalmente por la cercanía que esta tenga con sus insumos, proveedores o sus clientes, por lo que, es común encontrarlas agrupadas en zonas determinadas del territorio, ya que este representa un punto estratégico para estas.

1.2.2.2. Teoría de la interacción y distritos industriales.

Consiste en trabajar en conjunto entre industrias dada la afinidad de insumos, procesos y mercado, ya que la interacción es constante entre las industrias y llegan a crear un vínculo de apoyo mutuo sin perder su independencia como industria. Ya sea compartiendo información muy selectiva que a su vez implica conocimiento, capacitación e innovación entre estas, así como mejorar la coordinación de producción y a su vez la disminución de costos. Lo cual llega a generar economías externas, derrames tecnológicos y economías a escala. Rodríguez, J. J., Bernal, M., Cota, R. y Ortiz, E. R. (2016).

1.2.2.3. Teoría de grafos.

En 1934 el doctor Levi Jacobo Moreno insertó un primer sociograma representado por distintos nodos o puntos interconectados por medio de líneas, posterior en 1954 J. A. Bames usa el término "redes sociales" para un estudio sociológico entre pescadores de un pueblo, entrelazándose en si dichos estudios, ya que los nodos o puntos que el doctor Moreno inserto se conocerían como redes sociales, dado que estos nodos podrían interpretarse como individuos, instituciones o actores sociales en general, denominándole a esta relación como redes complejas (Mena, 2012).

Esta teoría nos permite representar y conocer de manera gráfica las relaciones intersectoriales por medio de los llamados nodos y aristas a manera de ubicar los clústeres y las relaciones directas e indirectas que se presenten entre los sectores de la economía.

1.2.3. Métodos para la identificación clúster.

Para lograr identificar y delimitar un clúster habrá que considerar distintos criterios: según su nivel de concentración (micro para empresas, meso en cadenas de valor o macro en sectores agregados) y el método de investigación ya sea cualitativo o cuantitativo.

Para el análisis cuantitativo se emplean los coeficientes de localización, los cuales permiten la identificación agregada de concentraciones industriales en una determinada región o el modelo de la matriz insumo-producto que permite detectar sectores con encadenamientos de manera vertical, así como indicadores que reflejan el impacto que genera un sector sobre el otro respecto a la relación de productor-consumidor.

En tanto el análisis cualitativo consiste en levantamiento de encuestas o entrevistas con los representantes de las conglomeraciones que se pretende estudiar, de esta manera se reflejan las relaciones entre empresas y respecto a los mercados externos. Rodríguez, J. J., Bernal, M., Cota, R. y Ortiz, E. R. (2016).

1.3. La Matriz de Insumo Producto.

Con base en Schuschny (2005) la Matriz Insumo Producto (MIP) es una herramienta cuantitativa que permite medir la relación intersectorial de la economía en un determinado lugar. Ya que, muestra el equilibrio entre la oferta y demanda de bienes y servicios, permitiendo mediante este, conocer el nivel de producción, exportaciones, empleo, entre más indicadores macroeconómicas de cada sector de la economía. Dicha matriz se construye con los datos del Sistema de Cuentas Nacionales (SCN), el cual fundamenta su información tanto de encuestas como de censos económicos, agropecuarios, de población y vivienda, y encuestas como lo son las de gastos e ingresos de los hogares, registros administrativos, entre otras.

1.3.1. Referencias históricas de la matriz insumo-producto.

A pesar de que muchos consideran a Wasilly Leontief como el padre de la matriz Insumo-Producto, hay quienes desmienten este hecho y se comprueba como la matriz surge en otra época y con otro autor.

Tal como Hernández (2005) argumenta, el primero en analiza la interrelación sectorial de algunas ramas de la economía empleando un método cuantitativo fue François Quesnay en 1736 por medio de su llamada "Tableau economique", con el fin de medir los flujos e interrelaciones de la actividad económica; posterior, en 1926 León Walras en su teoría "Equilibrio general de los mercados", complementa la Ley de Say acerca de los precios de los bienes y servicios respecto al papel que juegan en la curva de oferta y demanda, tomando un enfoque macroeconómico en el que se busca el equilibrio general que permite resolver el problema de la asignación y distribución de los recursos.

Para 1936 Wasilly Leontief publica en sus primeros artículos sobre la construcción de una tabla en la que se integra a partir de tres matrices, que a su vez representan los sectores de la economía y por medio de la cual se explican las relaciones existentes entre los sectores, a base de matrices y algebra lineal que proporcionan información sobre la estructura del tejido industrial y sobre las relaciones que existe entre ellas. El enfoque insumo-producto es netamente cuantitativo ya que se busca conocer la relación y por lo tanto buscar el equilibrio entre la oferta y la demanda de los insumos, mercancías y servicios producidos en un lugar y periodo determinado. Posterior a que se le otorgue el premio nobel de economía a Leontief por dicha metodología, la ONU la adopta como herramienta y se ha venido perfeccionando a través de los años. (Hernández, 2005).

Por muchos tomado como el pionero en la creación de la matriz insumo producto, por otros solo perfecciono teorías pasadas que ya lo planteaban, sin embargo, el trabajo de Leontief fue publicado en momentos en que la economía estaba dando un giro en cuanto a las teorías en las que se basaban, siendo razón de esto que toma popularidad para que los países lo comiencen aplicar a su economía.

1.3.2. Desarrollo de la aplicación de la matriz insumo-producto en México.

De acuerdo con el Instituto Nacional de Estadística y Geografía (INEGI, 2014), la elaboración de Matrices Insumo Producto (MIP) de

México de manera simétricas, inició en 1950, posterior se realizó la de 1960, 1970, 1975, 1978, 1980, 2003, 2008 y 2013.

La matriz de 1950 y 1960 fue elaborada y publicada por Banco de México, las matrices de 1970 y 1975 fueron elaboradas con base en información censal, mientras que el resto de matrices fueron elaboradas y publicadas por el INEGI. Las primeras cuatro matrices (1950, 1960, 1975 y 1978) fueron elaboradas por método directo, las siguientes dos (1980 y 1985) fueron elaboradas por método indirecto, es decir son la actualización temporal de la pasada con base en el censo económico más cercano a su publicación (Fuentes, 2005), fue el mismo caso para la matriz de 2008, mientras que la matriz de 2003 y 2013 fueron elaboradas con base en los resultados de los censos económicos poco anteriores a su publicación.

Es importante mencionar que la matriz de 1985 no la tiene contemplada INEGI en el documento que se cita con la temporalidad de las matrices insumo-producto publicadas en México. Así como, dichas matrices publicadas son de carácter nacional, por lo que estos organismos no publicaron ni publican matrices estatales ni regionales, sin embargo, existe metodología para regionalizar y actualizar estas.

La metodología para actualizar y regionalizar con las matrices está disponible en documentos publicados tanto de estas instituciones como por trabajos de grado e investigación. Por lo que se cuenta con 4 matrices más a nivel nacional actualizadas, pero por una consultora privada (CIESA:STATMATRIX), dichas matrices corresponden a los años de 1990, 1993, 1996 y 2000 (Fuentes, 2005).

1.3.3. Estructura del modelo Insumo-Producto.

Según Schuschny (2005), la matriz Insumo-Producto está constituida por tres matrices, la matriz de oferta total, demanda intermedia, demanda final y valor agregado. Tal como se presenta en la tabla 1.

Tabla 1. *Estructura general del modelo Insumo-Producto.*

Matriz de oferta total	Matriz de demanda intermedia	Matriz de demanda final
	Matriz de valor agregado	

Fuente: Schuschny, Andrés Ricardo. (2005). *Tópicos sobre el modelo Insumo-Producto: Teoría y aplicaciones.* Santiago de Chile: Naciones Unidas.

A su vez la matriz de oferta total está conformada por el valor bruto de la producción (*VBP*), las importaciones (*M*), los derechos de importaciones (*DM*), otros impuestos a las importaciones y la producción (T_M) y los márgenes comerciales (*MC*). Tal como se presenta en la tabla 2.

Tabla 2. *Matriz de oferta total.*

Productos	*VBP*	*M*	*DM*	T_M	*MC*	Oferta total
1 . . . n						

Fuente: Schuschny, Andrés Ricardo. (2005). *Tópicos sobre el modelo Insumo-Producto: Teoría y aplicaciones.* Santiago de Chile: Naciones Unidas.

Por otra parte, la matriz de demanda intermedia registra las relaciones que se presentan entre las diferentes actividades económicas indicando así el nivel de consumo y producción de bienes y servicios que conforman el sistema productivo. De esta se desprende la matriz de coeficientes técnicos, cuya función ayuda a distinguir la producción y consumo de bienes locales a bienes importados. Tal como se presenta en la tabla 3.

Asimismo, la matriz de demanda final constituye las transacciones en cuanto al consumo de los hogares (C), el sector público (G), la formación bruta de capital fijo (I), la variación de las existencias (Z), y las exportaciones (E). Tal como se presenta en la tabla 4.

Tabla 3. *Matriz de demanda intermedia.*

Producto/Actividad	*1 ... n*	Demanda intermedia
1 . . . n		
Consumo intermedio		

Fuente: Schuschny, Andrés Ricardo. (2005). *Tópicos sobre el modelo Insumo-Producto: Teoría y aplicaciones.* Santiago de Chile: Naciones Unidas.

Tabla 4. *Matriz de demanda final.*

Productos	*C*	*G*	*I*	*Z*	*E*	Demanda final
1 . . . n						
Total						

Fuente: Schuschny, Andrés Ricardo. (2005). *Tópicos sobre el modelo Insumo-Producto: Teoría y aplicaciones.* Santiago de Chile: Naciones Unidas.

Finalmente, la matriz de valor agregado integra los modos de pago de los factores productivos dado el proceso de transformación como los salarios y remuneraciones; beneficios y excedentes de explotación; amortización y consumo de capital fijo; y otros impuestos menos subsidios a la producción. Tal como se presenta en la tabla 5.

Tabla 5. *Matriz de valor agregado.*

Actividad	*1 ... n*	Total
Salarios y remuneraciones Beneficios y excedentes de explotación Amortizaciones y consumo de capital fijo Otros impuestos menos subsidios a la producción		
Valor agregado bruto		
Valor bruto de la producción		

Fuente: Schuschny, Andrés Ricardo. (2005). *Tópicos sobre el modelo Insumo-Producto: Teoría y aplicaciones.* Santiago de Chile: Naciones Unidas.

1.3.4. Matriz Insumo producto y Gases efecto invernadero.

Los estudios sobre los gases efecto invernadero por medio de la matriz insumo producto son diversos, solo por mencionar algunos, en corte internacional se encuentran como el estudio de Alcántara (2007) para España, cuya metodología se basa en la construcción de un vector conformado de los registros de emisiones en gg por cada sector económico que integra la matriz Insumo-Producto, el cual se multiplicará por la matriz Insumo-Producto para conocer el impacto contaminante generado sectorialmente y en cuya metodología se basa el presente estudio.

Mientras que el estudio de Hilgemberg, E., M., y Guilhoto, J., JM. (2006) está enfocado en Brasil, cuya metodología es similar a la de España, a diferencia de que en este estudio se utiliza una matriz para una economía abierta, es decir, considera la balanza comercial, así como el vector que se construye está conformado por el consumo de energía de cada sector y no la emisión de GEI que estos producen. Por lo tanto, entre su propuesta de política pública esta la disminución del consumo energético en los sectores identificados como mayores consumidores de energía, con el fin de regular el desequilibrio entre consumo y producción. Respecto al estudio de Zhang, H. y Lahr, L., M. (20017) referente a China, en este estudio se construye un vector contaminante con base en las energías emitidas por sector y se complementa el estudio analizando la relación que existe entre el crecimiento de la población china y el aumento de la contaminación, ya que, entre las energías consumidas, se centra el consumo de gas, luz y gasolina, energías consideradas como consumidas principalmente por la población y en seguida por las industrias. Por lo tanto, analiza el incremento del consumo de estas energías dado el crecimiento demográfico que ha presentado China en las últimas décadas. Así como una crítica hacia las políticas públicas centradas en la regulación industrial respecto al cuidado del medio ambiente, resaltando el impacto de la huella contaminante que genera la población más que las empresas.

En corte nacional, está el trabajo de Ruíz, N., P., (2011) cuyo estudio analiza la relación de costos que representa la contaminación sectorial, es decir, la metodología aplicada en ese estudio comprende la construcción de un vector contaminante formado por los registros del inventario nacional de gases de efecto invernadero, homologando aquellos sectores que no encuentran en el registro con el valor agregado total, el valor agregado sectorial y la emisión de GEI registrada en total. Con el cual logra identificar la emisión de GEI sectorial a nivel nacional, adicional a eso logra estimar el costo de dichos efectos contaminantes con el valor bruto de la producción, ya que dichos efectos son considerados como externalidades negativas en la economía.

Mientras que en corte regional existen trabajos como el de Fuentes, N., A., Brugués, A. y González, K., G. (2018) enfocado en el estado de Coahuila, en cuyo caso estudia la relación entre producción y medio ambiente; analizando cinco políticas públicas estatales que considera las principales en materia ambiental; obteniendo primero el impacto que cada una de estas políticas repercute en la producción del estado y posterior haciendo un análisis de relación sobre el impacto del medio ambiente y la producción, cuya metodología se basa en un software llamado STELLA que facilita el análisis regional por medio de la matriz Insumo-Producto para conocer los impactos por sectores. En el estado de Michoacán solo han trabajado ese tema Salazar, I., Tovar, G. y Vite, M. (2018) cuya metodología es similar a la aplicada en el presente estudio a diferencia del año de la matriz utilizada.

Capítulo 2. Metodologías

Las metodologías aplicadas al presente trabajo abarcan los principales temas que inciden en el tema de estudio, comenzando con la regionalización de la matriz insumo producto, seguido de la elaboración del inventario regional de gases efecto invernadero de Morelia 2013, el análisis clúster, la obtención de los sectores claves y las políticas públicas. Los primeros tienen un corte más cuantitativo, mientras el último es de enfoque más cualitativo, ya que, las políticas públicas se fundamentan con leyes, normas y problemas sociales más que números.

2.1 Regionalización de la matriz insumo-producto.

La matriz insumo producto se obtiene de la página del INEGI, de la sección de cuentas nacionales. Dado que, la matriz se conforma por los datos de los censos económicos que se realizan cada 10 años, es por tal razón que es ese el periodo de actualización de esta y dada la complejidad de recabar los datos en la matriz es que tarda 3 años en publicarse posterior al levantamiento de los censos. Por lo que, en el presente estudio se trabaja con la matriz insumo producto 2013, la cual está conformada por datos del 2010 dada la explicación anterior.

Por motivo de costos es que solo se publica a nivel nacional, sin embargo, hay distintos estados que cuentan con su matriz estatal por medio de regionalización. Para este estudio se aplica la metodología propuesta por Fuentes (2005), cuyo autor la regionaliza para el estado de Baja California. Siguiendo la metodología propuesta por Fuentes es que se regionaliza para el estado de Michoacán, una vez obteniendo la matriz se aplica la misma metodología para regionalizar, pero ahora a nivel municipal, en este caso para Morelia.

Descargando la matriz de insumo producto de la página de INEGI a millones de pesos, así como el valor agregado y valor bruto de la producción es que se procede a regionalizar la matriz siguiendo la metodología de Fuentes (2005). Una vez teniendo la matriz estatal y la matriz de coeficientes técnicos a nivel estatal se procede a regionalizar a nivel municipal por medio de la misma metodología, solo que esta vez se ubican los valores estatales en donde anteriormente se ubicaban a los nacionales y lo regionales (Morelia) se ubicarán donde se aplicaron los valores estatales.

Una vez obtenida la matriz regional para el municipio de Morelia a millones de pesos de producto se obtienen las otras matrices 1x79 por medio de esta, que conforman la estructura general del modelo insumo-producto según Schuschny (2005), siendo estas, la matriz de demanda intermedia, demanda final, consumo intermedio y valor agregado estimado.

Dado que algunos sectores arrojaron valores de 0 en cuanto al VBP, VA y en la MIP regional de Morelia sus valores son tan bajos que se consideraron poco significantes para el estudio estructural del municipio, es razón por la cual se decide omitirlos para el desarrollo del estudio y no porque sean insignificantes en el análisis estructural regional. Estos bajos o en su caso nulos valores que se arrojan es debido a que la ciudad carece de esas actividades productivas (como el sector 6. *Extracción de petróleo y gas*, 41. *Transporte por ductos y* 53. *Banca central*) o bien porque en el INEGI aún no se integran de manera uniforme como el resto (tales como 77. *Hogares con empleados domésticos*, 78. *Actividades legislativas, gubernamentales y de impartición de justicia* y 79. *Organismos internacionales y extraterritoriales*).

2.2. Elaboración del inventario regional de gases efecto invernadero de Morelia 2013.

Para la construcción del vector que integra el grado estimado de emisión de gas efecto invernadero de cada sector dentro del municipio de Morelia, se consultaron dos bases de datos, del Inventarios Nacionales De Emisiones De Contaminantes Criterio publicado por la Secretaría de Medio Ambiente y Recursos Naturales (SEMARNAT, 2019) y el Inventario Nacional De Gases De Efecto Invernadero publicado por el Instituto

Nacional de Ecología y Cambio Climático (INECC, 2010), dado que para dicho estudio se cuenta con la Matriz Insumo-producto de 2013, es importante aclarar que los datos con que se trabajó se tomaron de la misma temporalidad de tiempo, ya que, existe un inventario más actualizado que corresponde al 2017, pero dada la temporalidad de la matriz se toma esa misma temporalidad para trabajar.

Ambos inventarios consultados están conformados según la metodología propuesta por el IPCC, mientras que la matriz insumo-producto está integrada según la metodología del SCIAN. Por lo que, no todos los sectores que integran la matriz se encontraban dentro de estos inventarios o no estaban desagregados de la misma manera.

El inventario proporcionado por la SEMARNAT está desagregado en distintos tipos de fuentes emisoras (fijas, móviles y naturales), así como a nivel estatal y municipal, aunque no se proporciona información de todos los sectores ni por el IPCC ni el SCIAN. Por lo que, se integran de este inventario únicamente los 15 sectores identificados a nivel Morelia dentro del vector y uno a nivel Michoacán.

En cuanto al inventario del INECC, éste está completo según el IPCC, pero está conformado únicamente a nivel nacional. Por lo que, estos datos primero se homologan para que coincida con la metodología del SCIAN y poder ser integrados en el vector para después proceder a regionalizarlos, primero a nivel estatal y posterior regionalizarlos a nivel municipal.

Ya que, no todos los sectores del SCIAN se conforman dentro del inventario nacional, se obtiene un estimado de la emisión aproximada de aquellos sectores de los que no se tiene un registro de la emisión nacional con base en el valor agregado generado de este sector a nivel regional.

Una vez obtenidos los valores de los 79 sectores a nivel nacional que propone el SCIAN (a excepción de aquellos que ya se tienen regionalizados a nivel Michoacán y nivel Morelia), se utiliza la siguiente fórmula propuesta por Salazar (2018) para regionalizar la emisión de cada sector:

$$GEI_{Ri} = \frac{GEI_{Ni}}{V_{Ni}} * V_{Ri}$$

Donde:

GEI_{Ri} = Emisión de gases efecto invernadero regional de la rama i.

GEI_{Ni} = Emisión de gases efecto invernadero nacional de la rama i.

V_{Ni} = Valor agregado nacional de la rama i.

V_{Ri} = Valor agregado regional de la rama i.

Los datos del inventario recuperado de la SEMARNAT arrojan los datos en toneladas, mientras que los del inventario del INECC están representados en gigagramos (gg), por lo cual, los datos de la SEMARNAT que eran menos y estaban en toneladas se les convirtió a gg para contar con la misma unidad de medida en todos los datos, la emisión de cada sector con el porcentaje se encuentra en el anexo 3.

2.3. Identificación clúster.

El análisis clúster aplicado en este trabajo será con enfoque de la matriz insumo producto, es decir, su desarrollo es por medio de dicha herramienta y los resultados son un vector producto de la aplicación de la matriz.

Los encadenamientos (clúster) permiten identificar aquellos sectores con mayor potencia de arrastre hacia atrás (demanda) se presentan cuando el sector j aumenta su demanda de insumos o hacia adelante (oferta) que se da cuando el sector i incrementa la disposición de insumos requeridos para el resto de los sectores. De aquí se forman los clústeres especializados o agrupamientos sectoriales, los cuales con la MIP se permite identificar y cuantificar los encadenamientos (Martínez y Corrales, 2017).

Citando a Chenery, H. B. & Watanabe, T. (1958) de Schuschny (2005), calculan el impacto de encadenamientos que presentan las actividades económicas en cuanto a la producción de un bien o servicio y cuanta variación presenta el encadenamiento tanto hacia atrás como hacia adelante.

Encadenamientos directos hacia atrás. Mide la capacidad de un sector de arrastrar directamente a otros unidos a él con base en la demanda de bienes de consumo. Se calcula por medio de las compras intermedias de un sector:

$$s_j = \frac{\sum_{i=1}^{n} X_{ij}}{X_j}$$

Donde:

$s_j =$

Encadenamiento hacía atrás del sector j.

$\sum_{j=1}^{n} x_j$

= Sumatoria del sector j de la matriz inversa de Leontief.

x_{ij}= Sector ij de la matriz inversa de Leontief.

Encadenamientos directos hacia adelante. Mide la capacidad de un sector de arrastrar directamente a otros unidos a él con base en la oferta de bienes de consumo. Se calcula por medio de las ventas intermedias de un sector:

$$s_i = \frac{\sum_{j=1}^{n} X_{ij}}{X_i}$$

Donde:

$s_i =$

Encadenamiento hacía atrás del sector i.

$\sum_{i=1}^{n} x_j$

= Sumatoria del sector j de la matriz inversa de Ghost.

x_{ij}= Sector ij de la matriz inversa de Ghost.

Según sean los valores de S_j y S_i se clasifican en 4 grupos con base en Chenery, H. B. & Watanabe, T. (1958, citado de Schuschny, A. R., 2005) como se presenta en la tabla 6:

Tabla 6. *Tipología sectorial según los multiplicadores directos.*

	$s_j < 1$	$s_j > 1$
$s_j < 1$	No manufacturera / Destino final	Manufacturera / Destino final
$s_j > 1$	No manufacturera / Destino intermedio	Manufacturera / Destino intermedio

Fuente: Schuschny, Andrés Ricardo. (2005). *Tópicos sobre el modelo Insumo-Producto: Teoría y aplicaciones.* Santiago de Chile: Naciones Unidas.

- No manufactureras/Destino intermedio. Poseen altos encadenamientos hacia adelante y bajos hacia atrás.
- Manufactureras/Destino intermedio. Poseen altos encadenamientos hacia atrás y hacia adelante, son los sectores que más impacto generan en la demanda final.
- No manufactureras/Destino final. Poseen altos encadenamientos hacia atrás y bajos hacia adelante.
- Manufactureras/Destino final. Sectores que poseen bajos encadenamientos directos tanto hacia atrás como hacia adelante.

De esta manera, se identifican aquellos sectores que arrojan un valor $s_j > 1$, lo cual indica las dependencias de los sectores que están por encima del promedio, de la producción de los otros sectores. Mientras que, aquellos sectores cuyo valor presente $s_i > 1$ indica el sector i podría aumentar su producción más que el resto por unidad de incremento en la demanda final de cada sector. Siendo identificados como clúster o encadenamiento, aquellos sectores cuyo valor se encuentre por encima de 1 respectivamente de la oferta o de la demanda (Hernández, 2005).

Mientras que, para la identificación clúster contaminantes se emplea la metodología propuesta por Alcántara (2007), en la que, posterior de obtener el inventario de GEI, se convierten los datos en toneladas para lograr obtener un escalar que expresa el volumen total de las emisiones, para eso se requiere primero, obtener un coeficiente de emisión (emisión en toneladas del sector i sobre el valor agregado en millones de pesos del sector i) posterior obtener un escalar con base en la siguiente formula:

$$T = e * v$$

Donde:

T = escalar que expresa el volumen total de emisiones.

e = vector de coeficientes de emisión que expresa el volumen de emisión por unidad.

v = vector de valor bruto de la producción sectorial.

Posterior se sustituye ***v*** por la matriz inversa de Leotief y el vector ***e*** se expresará de manera diagonal, obteniendo la siguiente ecuación:

$$t = \hat{e}(I - A)^{-1}y$$

Donde:

t = vector de emisiones sectoriales.

$(I - A)^{-1} =$

matriz inversa de Leontief.

y = vector de demanda final.

Por lo tanto, la siguiente matriz integra cualquier incremento de la demanda final en un incremento del vector de emisiones contaminantes:

$$G = \hat{e}(I - A)^{-1}$$

Y multiplicando dicha matriz ***G*** por un vector unitario ***u*** se obtiene la siguiente matriz:

$$g' = u'G$$

Donde:

g′= vector de emisión unitaria total, directa e indirecta generada por unidad de demanda final.

Una vez obtenido el impacto de arrastre generado por la demanda se procede a conocer aquel generado por la oferta; en este caso se trabaja con la matriz de Ghosh (matriz de oferta) para estimar los multiplicadores de emisión. Se comienza con una ecuación inicial:

$$t' = \hat{e}(I - D)^{-1}v$$

Donde:

t′ = vector de emisiones sectoriales.

$$(I - D)^{-1}$$

= matriz inversa de Ghosh.

v = valor agregado de Morelia en millones de pesos.

Por lo cual, la matriz siguiente representa el impacto de arrastre en la emisión de gases de efecto invernadero en cuanto a la demanda:

$$K = \hat{e}(I - D)^{-1}$$

Una vez multiplicando la matriz ***K*** por un vector unitario de la misma escala, obtenemos la siguiente matriz:

$$k' = u'K$$

Y aquellos sectores que arrojen valores por encima de la media son los considerados como clústeres contaminantes, ya sea por parte del impacto de oferta o demanda.

2.4. Identificación de sectores clave.

La identificación de los sectores claves en la economía es necesaria para estimar el impacto que genera la variación en estos, puesto que, con sector clave, se refiere a aquellos que cuentan con un índice de encadenamiento mayor que el resto, es decir, que su variación (aumente o disminuya) repercute con mayor impacto que la variación de algún otro (Hernández, 2005).

Como señala Schuschny, (citado de Salazar, 2018), la identificación de sectores clave consiste en distinguir aquellos sectores que logran tener un mayor impacto de encadenamiento entre las actividades económicas ya sea con encadenamiento hacia atrás o hacia adelante. Generalmente los sectores claves se encuentran en el sector manufacturero, dada la importancia que este representa tanto para consumir insumos como para proveer productos terminados. En la tabla 7 se presenta la identificación según se ubique el resultado.

Tabla 7. *Identificación de sectores clave.*

	$\lambda_j < 1$	$\lambda_j \geq 1$
$\Omega_i \geq 1$	Sectores estratégicos (o receptores)	Sectores clave
$\Omega_i < 1$	Sectores independientes	Sectores impulsores

Fuente: Schuschny, Andrés Ricardo. (2005). *Tópicos sobre el modelo Insumo-Producto: Teoría y aplicaciones.* Santiago de Chile: Naciones Unidas.

- Sectores estratégicos. Poseen baja demanda de insumos, son propulsores a formar los cuellos de botella.
- Sectores clave. Son aquellos con mayor impacto de arrastre ya sea hacia adelante o hacia atrás.
- Sectores independientes. No provocan arrastres significativos de arrastre ni reaccionan fuerte al arrastre en el sistema económico.
- Sectores impulsores. Bajos encadenamientos hacia atrás y altos hacia adelante.

2.5. Los grafos.

La teoría de grafos es parte de la programación lineal, una herramienta que en economía tiene un extenso campo de aplicación. Con un grafo se puede agrupar distintas situaciones, transporte de mercancías, distancia entre clústeres, etc.

Un grafo está constituido por dos elementos, los nodos (puntos) y aristas (líneas). Por lo tanto, tenemos la representación matemática de la siguiente manera:

$$G = (V, E)$$

Donde:

G: grafo.

V: vértice o nodo.

E: arista.

Dicha ecuación puede representarse de manera gráfica de la siguiente manera:

Gráfico 5. Representación de grafo.

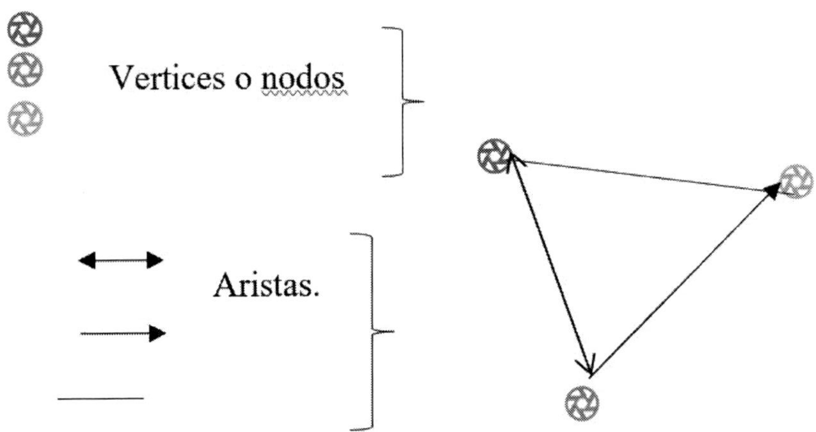

Fuente: elaboración propia con base en Calderón M. S. y Rey B. L. M. (2012).

A su vez, se define un grafo de *n* vértices según Calderón y Rey (2012, p. 471) como:

- Matriz de incidencia. es aquella matriz de tamaño *nxn* en cuyos elementos aparecen <0> en lugar de *ij* si no existe un arco que una el vértice *i* con el vértice *j* y <1> si existe dicho arco. Esta matriz es única, cuadrada de orden n y sus elementos de la diagonal son nulos si no admitimos arcos que vayan de un vértice a sí mismo. En general, usaremos también esta matriz para recoger diversos datos del arco, como puede ser su capacidad o distancia entre vértices, de forma que en vez de aparecer un <1> aparecerá el número asignado al arco con su significado correspondiente.
- Matriz de vértices. Como los grafos se suelen ver de forma gráfica, es útil representarlos en el plano. Para ello, definiremos una matriz de tamaño *n x 2* que no dé las coordenadas de los vértices. Esta representación depende de dónde situemos el centro del eje de coordenadas y la amplitud que le demos a dicho arco, por lo que esta matriz no es única.

Permitiendo dicha teoría lograr interpretar una ecuación o una matriz por medio de grafos.

Capítulo 3. Modelo Insumo-Producto y los gases efecto invernadero

Una vez obtenida la matriz regionalizada a nivel Morelia (anexo 1), es que se procede para obtener su matriz de coeficientes técnicos, la matriz identidad y los distintos vectores que se construyeron es que se lograron desarrollar los siguientes apartados y en los cuales se explica el procedimiento y la interpretación de los resultados.

3.1. Identificación de clúster estimulante de la economía.

La estructura económica en Morelia ha sido estudiada por medio de la matriz insumo-producto de 2003, en este trabajo se presentan los resultados del estudio con base en la matriz insumo-producto de 2013.

Para identificar aquellos sectores que integran un clúster estimulante de la economía municipal de Morelia, se parte de la ecuación planteada por Chenery y Watanabe (1958, citado de Martínez y Corrales, 2017), en la se podrá identificar los sectores que conforman los encadenamientos. Hacía atrás (demanda) se tiene:

$$s_j = \frac{\sum_{j=1}^{n} x_j}{x_{ij}} \qquad s_j > 1$$

Mientras que, para obtener el encadenamiento hacía adelante (oferta) se aplica la siguiente formula:

$$s_i = \frac{\sum_{i=1}^{n} x_i}{x_{ij}} \qquad s_i > 1$$

Arrojándose los valores de índice de arrastre hacía atrás (demanda) para cada sector que conforman la economía de Morelia según en la metodología del SCIAN en el anexo 2. Mientras que en la siguiente grafica se presentan aquellos valores que se encuentran por encima de la media que fue de 1.17.

Gráfico 6. *Clúster estimulante de la economía de Morelia, demanda.*

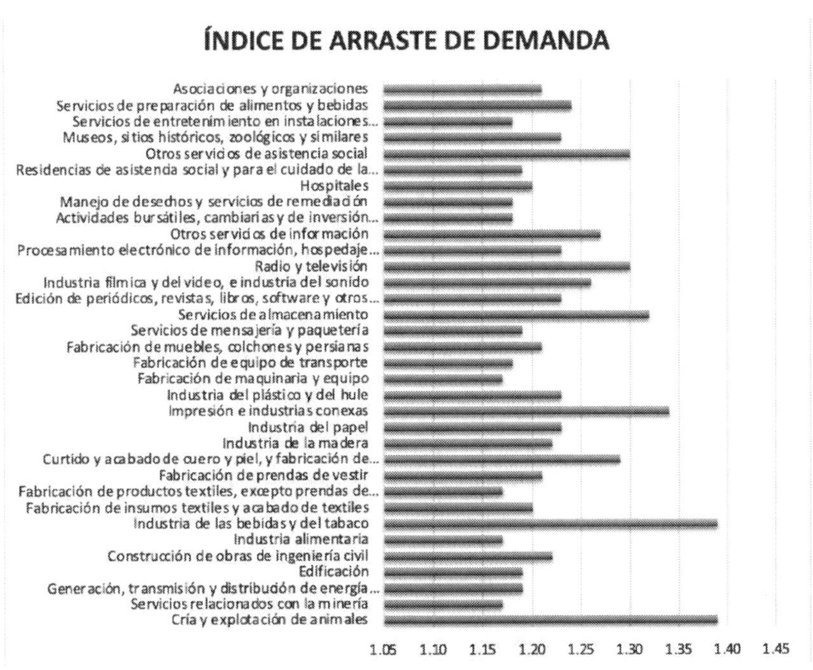

Fuente: elaboración propia con base en los resultados obtenidos del análisis clúster.

Aquellos sectores cuyo resultado arrojaron un valor por encima de la media (1.17) son los que se concentran en el gráfico 6, si bien, a simple vista sobresale el sector (2) *Cría y explotación de animales* con un 1.39 ya que, siendo una actividad primaria, se cuenta con diversas actividades económicas que demandan de esta para poder cumplir su actividad, como el procesamiento de los derivados de la explotación de los animales, su distribución y su consumo; (15) *Industria de las bebidas y del tabaco* con un 1.39 ya que, que el sector abarca la producción tanto de refrescos, cervezas, bebidas alcohólicas y no alcohólicas, así como la producción de cigarros y puros y dada la alta presencia de bares, restaurantes y comercios que las comercializan en la ciudad es que se puede explicar este índice tan alto de arrastre; (22) *Impresión e industrias conexas* con un 1.34, dicho sector concentra la impresión de libros, periódicos, revistas, otros impresos y conexos a la impresión, ubicándose en la ciudad distintas editoriales y agencias de periódicos que distribuyen su producto por todo el estado; (46) *Servicio de almacenamientos* con un 1.32, siendo que la ciudad cuenta con una zona industrial en la que se concentran diversas fábricas, estas requieren dicho servicio para lograr operar de manera efectiva, ya que, el sector concentra desde almacenes generales, de refrigeración, de productos agrícolas y con instalaciones especializadas; (49) *Radio y televisión* con un 1.30 dado que abarca desde la producción y transmisión de canales y estaciones que se consumen en todo el estado y se concentran en la ciudad; y (68) *Otros servicios de asistencia social* con un 1.30, servicios que se ofrecen desde instituciones de gobierno hasta asociaciones civiles, ya que se centran en la orientación y trabajo social para la niñez, juventud, asistencia social para enfermos, personas con discapacidad y personas de la tercera edad.

Gráfico 7. *Clúster estimulante de la economía de Morelia, oferta.*

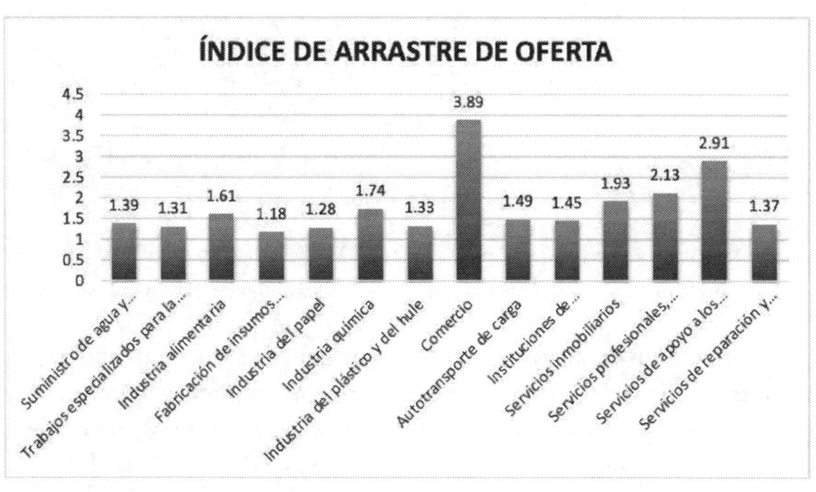

Fuente: elaboración propia con base en los resultados obtenidos del análisis clúster.

En cuanto a los índices de arrastre de la oferta, los resultados arrojados de todos los sectores se encuentran en el anexo 2, mientras que aquellos sectores que presentan valores por encima de la media son los siguientes:

3.2. Identificación de sectores clave en la estimulación de la economía de Morelia.

Dado que, aquellos sectores que arrojen un valor por encima de 1 en ambos encadenamientos, se está presentando un sector clave. Ya que, su variación en la producción de este impacta mayor sobre el resto de la economía que cualquier otro (Hernández, 2005). En el siguiente gráfico se consideran aquellos que se presentan por encima de la media en ambos sectores:

Gráfica 8. *Sectores clave en la estimulación económica de Morelia.*

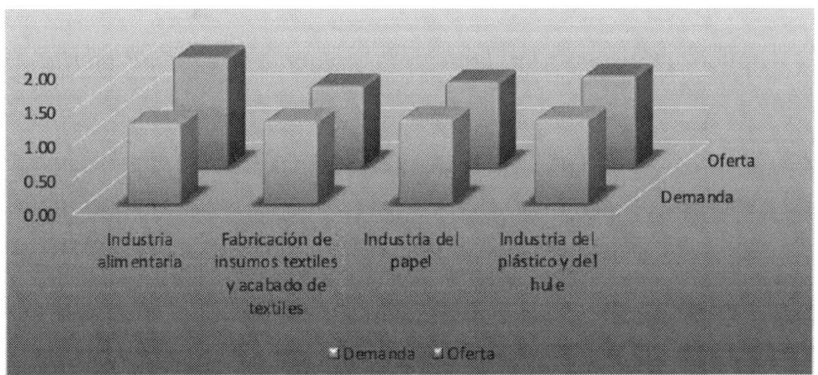

Fuente: elaboración propia con base en los resultados obtenidos del análisis clúster.

En donde, los cuatro sectores claves pertenecen al sector manufacturero tanto en oferta como en demanda, es decir, la economía en Morelia se ve estimulada por el sector industrial, principalmente por estas cuatro ramas sectoriales. Con base en el Directorio Estadístico Nacional de Unidades Económicas (DENUE), en cuanto a la *Industria alimentaria*, se cuenta con

2011 unidades económicas en la ciudad; mientras que de *Fabricación de insumos textiles y acabo de textiles* se cuenta con solo 6 unidades económicas; 26 unidades económicas en la *Industria del papel*; y 50 de la *Industria del plástico y del hule*. Estos sectores están conformados el 99.76% de MiPymes y a pesar de que otros sectores arrojen índices más altos en la demanda o en la oferta, son estos sectores que están por encima de la media en ambos y con base en la metodología es que son claves en la economía.

Mapa 1. *Clúster económico en la ciudad de Morelia.*

Fuente: elaboración propia con base en los resultados obtenidos y utilizando la herramienta del DENUE.

Aplicando la teoría de grafos en el territorio regional de Morelia hacia los sectores identificados como claves, es decir que estimulan tanto la oferta como la demanda de manera significante por encima del resto, por medio de la herramienta del INEGI, el Directorio Estadístico Nacional de Unidades económicas (DENUE). Dado que todos los sectores pertenecen al mismo corte (industrias manufactureras) es que se muestran del mismo color (verde) y se puede observar la ubicación de la concentración de las unidades económicas de dichos sectores claves en la siguiente figura:

3.3. Identificación de clúster contaminante.

Una vez obtenido el inventario de GEI regionalizado para Morelia 2013, se elabora distintos vectores con base en el inventario, el valor agregado y el valor bruto de la producción municipal, siguiendo la metodología propuesta por Alcántara (2007). Entre los distintos vectores que se obtienen, el siguiente es el que se aplica para obtener el análisis clúster:

$$t = \hat{e}(I - A)^{-1}y$$

Reduciendo a una ecuación en la que abarcan las mismas variables, pero se presenta de manera diferente que más adelante ayudan a comprender la identificación de sectores clave contaminantes. Presentándose de la siguiente manera:

$$g' = u'G$$

Gráfica 9. *Principales sectores contaminantes, demanda.*

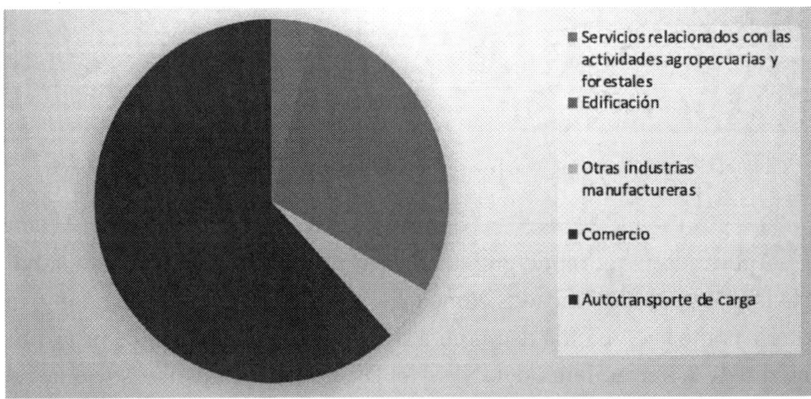

Fuente: elaboración propia con base en los resultados obtenidos del análisis clúster.

Es decir, dicho vector expresa el efecto multiplicador de las emisiones que se generan dado el incremento en la demanda final de cada sector. La siguiente gráfica muestra los cinco sectores con mayor índice de arrastre, ya que por encima de 1 solo se encuentran dos; el índice de arrastre de cada sector se encuentra en el anexo 4.

Encontrando entre los sectores que más contaminan al sector de *Autotransporte de carga* (39) con un índice de 11.16 el cual representa más del 50% de la contaminación registrada, esto debido a que el sector es intermediario entre las relaciones comerciales de los sectores, ya que, tanto transporta insumos del sector primario al secundario, como productos terminados del sector secundario al terciario, eso y considerando que consume gran cantidad de combustibles fósiles, ya que es su fuente de funcionamiento*; Edificación* (11) con un 5.77, abarcando de manera significante, ya que, dicho sector requiere de diversos insumos y maquinarias que se requieren para la construcción; (35) *Comercio* con un 0.97, que si bien no llega al 1 si está por encima de la media y entre los cinco más contaminantes, dicho efecto de arrastre se explica dada las interrelaciones comerciales entre la mayoría de los sectores; (34) *Otras industrias manufactureras* con un 0.98, dado que implica un alto consumo de energías y demanda de distintos insumos que a su vez la producción de estos está relacionada con la emisión de gases contaminantes; y (5) *Servicios relacionados con las actividades agropecuarias y forestales* con un 0.76, ya que, las actividades agrícolas y relacionadas tienden a generar de manera directa la contaminación al explotarse los recursos naturales.

Mientras que, el impacto de arrastre generado por la oferta se obtiene por medio de otra matriz, recordando que para este resultado se aplica la matriz de Ghosh (matriz de oferta), siendo la siguiente ecuación:

$$t' = \hat{e}(I - D)^{-1}v$$

Continuando con la metodología, se sintetiza el impacto generado por la oferta en la siguiente ecuación:

$$k' = u'K$$

En donde, el vector *k´* representa la emisión total, directa e indirecta. Generada como multiplicador por cada unidad ofertada. En el anexo 4 se presenta el índice de contaminación de todos los sectores respecto a la oferta, mientras en el siguiente gráfico se presentan los cinco principales sectores propulsores de contaminación por medio de la oferta:

Gráfico 10. *Principales sectores contaminantes, oferta.*

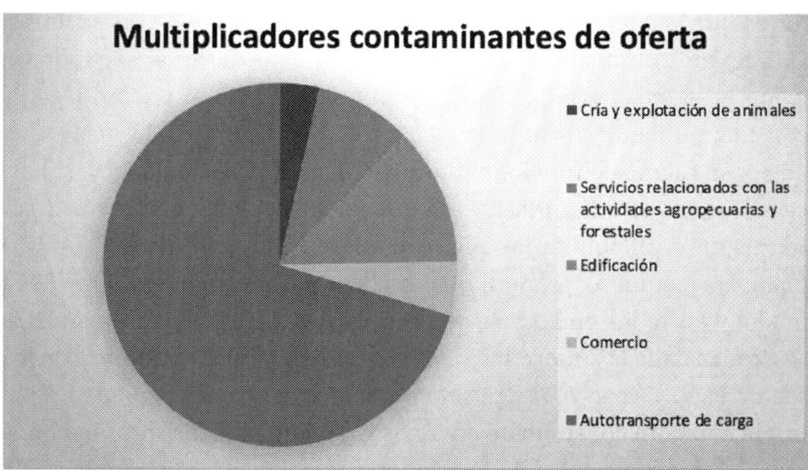

Fuente: elaboración propia con base en los resultados obtenidos del análisis clústers.

Por parte de la oferta se observa que nuevamente el sector más contaminante es (39) *Autotransporte de carga* con un índice de arrastre de 18.13, observando que es mayor el índice de contaminación por parte de la oferta que de la demanda, esto debido a que en los índices de arrastres económicos el sector tienen de igual manera un índice mayor en la parte de oferta que en la demanda; (11) *Edificación* con un 3.15, este sector por su parte arroja un mayor índice de contaminación por parte de la demanda que de la oferta e igual en cuanto a los índices de arrastre económicos, genera el efecto multiplicador en mayor medida sobre la economía de morelia por parte de la demanda que de la oferta; (5) *Servicios relacionados con las actividades agropecuarias y forestales* con un 2.27, aunque este sector presenta un mayor índice de arrastre económico en la demanda en cuanto al multiplicador contaminante lo arroja mayor en la oferta, es decir, no están relacionados en la misma medida en cuanto al impacto económico que al contaminante los sectores; (35) *Comercio* con un 1.22, en ambos índices de arrastre se presenta un mayor impacto por parte de la oferta, ya que, recordando que la oferta es el índice hacía adelante y la demanda es el índice hacía atrás, por lo que el sector de comercio al ser un servicio representa congruentes estos resultados; y (3) *Cría y explotación de animales* con un 0.93, al ser de la rama agrícola presenta el mismo comportamiento que el sector 5, en cuanto a índices económicos generan un mayor arrastre en la demanda, ya que, al ser actividades que proveen insumos a los sectores se explica ese resultado, mientras que en los índices contaminantes arrojan un mayor arrastre en la oferta.

3.4. Identificación de sectores clave en la emisión de gases efecto invernadero de Morelia.

En cuanto a los sectores claves, se identifican como aquellos que arrojan un índice de arrastre por encima de 1 tanto en la oferta como en la demanda. Concentrándose en la siguiente tabla los resultados obtenidos:

Tabla 8. *Índice de arrastre contaminante.*

	$g_j < 1$	$g_j > 1$
$k_i > 1$	Sectores: 5 y 35.	Sectores: 11 y 39.
$k_i < 1$	Sectores: 1, 2, 3, 4, 7, 8, 9, 10, 12, 13, 14, 15, 16, 17, 18, 19, 20, 21, 22, 23, 24, 25, 26, 27, 28, 29, 30, 31, 32, 33, 34, 36, 37, 38, 40, 42, 43, 44, 45, 46, 47, 48, 49, 50, 51, 52, 54, 55, 56, 57, 58, 59, 60, 61, 62, 63, 64, 65, 66, 67, 68, 69, 70, 71, 72, 73, 74, 75 y 76.	Sectores: 0.

Fuente: elaboración propia con base en los resultados obtenidos del análisis cluster.

Siguiendo la metodología de los sectores clave con base en Schuschny (2005), los sectores 5 y 35 se concentran en la categoría de *sectores estratégicos o receptores*; es decir, generan baja contaminación por parte de la demanda, pero en cuanto a la oferta la estimulan y esto se explica dado que ambos sectores corresponden a servicios. En la categoría de *sectores independientes* se concentra la mayoría de los sectores considerados en el estudio (recordando que se omitieron el 6, 41, 53, 77, 78 y 79) y a excepción de los anteriores mencionados; estos sectores indican que general un bajo arrastre por parte de la demanda y la oferta, es decir, no lo suficientemente significante como la cantidad de misión que se concentra en los otros sectores. En cuanto a la categoría de *sectores impulsores*, son aquellos que generan un alto grado de contaminación por parte de la demanda, pero no de la oferta, para dicho estudio no se arrojó algún sector. Identificando entonces a los *sectores clave:* el sector 11 que corresponde a la *Edificación* y el 39 que corresponde al *Autotransporte de carga.* Tales sectores son los propulsores de emisión de gases efecto invernadero tanto por el lado de la oferta como de la demanda, concentrando solo en estos dos sectores el 78.56% de la contaminación emitida en la ciudad.

A continuación, se presenta una gráfica en la que se representa el índice de arrastre que genera de cada uno de estos sectores tanto en la demanda como en la oferta:

Gráfico 11. *Sectores claves contaminantes.*

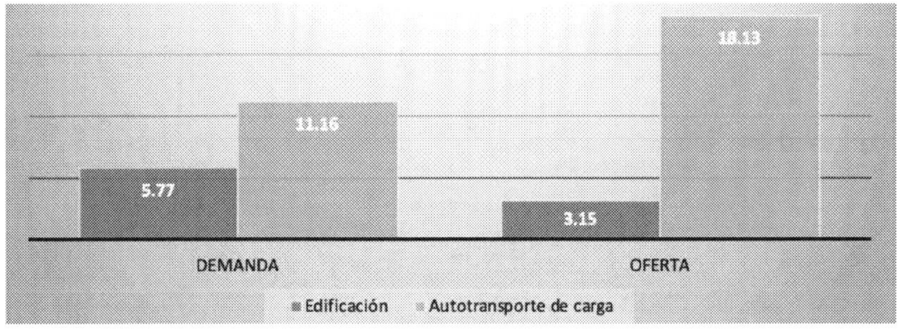

Fuente: elaboración propia con base en los resultados obtenidos del análisis clúster.

En tanto oferta como demanda, el sector (39) *Autotransporte de carga* es más contaminante que el sector (11) *Edificación*. Mientras el Autotransporte de carga es más elevado su índice de contaminación en la oferta que en la demanda, dado que, es un servicio que está presente como intermediario de desplazamiento entre los tres sectores de la economía; el índice de Edificación es más elevado en la parte de demanda que de oferta, esto debido a que, incluye desde una nueva construcción, restauración, ampliación, remodelación o mantenimiento a las edificaciones (SCIAN, 2018).

Aplicando la teoría de grafos en la ciudad de Morelia respecto a los sectores claves estimulantes en la generación de gases efecto invernadero tanto en la oferta como en la demanda, se utiliza la herramienta del DENUE y se obtiene el siguiente mapa:

Mapa 2. *Clúster contaminante en la ciudad de Morelia.*

Fuente: elaboración propia con base en los resultados obtenidos y utilizando la herramienta del DENUE.

Los puntos de color morado son las unidades económicas de edificación, con un total de 181 registradas según el DENUE; mientras que los puntos naranjas son aquellos de autotransporte de carga que representan un total de 60 unidades económicas, sumando un total de 241 unidades económicas de ambos sectores localizados en toda la ciudad de Morelia.

Capítulo 4. Resultados

4.1. Contraste de modelo 2003 a 2013.

En 2018 se publicó un estudio similar (Impacto de la actividad económica de Morelia en la emisión de gases de efecto invernadero) al presente proyecto de investigación, enfocado en la ciudad de Morelia, pero con la temporalidad distinta, ya que, dicho estudio se basa en la matriz insumo-producto de 2003.

A continuación, se desarrolla la comparación entre los principales resultados obtenidos en ambos estudios, así como una breve explicación sobre el comportamiento durante esa década de los principales sectores contaminantes y estimulantes.

4.1.1. Inventario de emisiones GEI para Morelia 2003 y 2013.

En el estudio de Salazar (2018), se arroja entre los resultados trece sectores que generaban el 95.54% de la contaminación en la ciudad. El grado y porcentaje de contaminación que generaba cada uno de estos sectores se muestra en la tabla 9, mientras que en el anexo 5 se presentan todos los sectores de ambos periodos.

Mientras que en el estudio de la Matriz de 2003 se concentraba en trece sectores el 95.93% de la contaminación generada en la ciudad en el estudio de la Matriz de 2013 arroja que el 95.93% de la contaminación se concentra en solo ocho sectores. El grado de emisión y porcentaje de cada uno se muestra en la tabla 10.

En ambos periodos se encuentran tres sectores dentro de los más contaminantes, que son y cuyas actividades abarcan:

39. *Autotransporte de carga.* Considerados como vehículos de carga general, sean productos que requieren de una logística especializada para el transporte (ya sea por el tamaño, peso, material de riesgo, entre otros) como

plataformas, productos que requieran refrigeración, animales, servicios de mudanzas, etc.

35. *Comercio.* Abarca todas aquellas relaciones intermedias entre negocios en la compra y/o venta de insumos y productos. Siendo por medio de métodos tradicionales o a través de medios electrónicos.

2. *Cría y explotación de animales.* Actividad dedicada como su nombre lo dice a la cría y explotación de animales en cualquiera de sus fases, como cría, reproducción, engorda o uso. De ganado ovino, porcino, bovino, caprino, animales con pelaje fino, aves de ornato, perros, gatos, avicultura, acuicultura, cunicultura y apicultura.

Tabla 9. *Principales ramas emisoras de GEI de Morelia en 2003.*

No	Actividad económica	Gg en CO2 en (2003)	% de emisiones en el municipio (2003)
35	Comercio	886.52	20.13
40	Transporte terrestre de pasajeros, excepto por ferrocarril	804.71	18.27
3	Aprovechamiento forestal	663.02	15.05
39	Autotransporte de carga	529.45	12.02
21	Industria del papel	251.53	5.71
9	Generación, transmisión y distribución de energía eléctrica	222.99	5.06
15	Industria de las bebidas y del tabaco	209.47	4.76
26	Fabricación de productos a base de minerales no metálicos	175.14	3.98
2	Cría y explotación de animales	172.2	3.91
24	Industria química	88.91	2.02
64	Servicios educativos	80.83	1.84
14	Industria alimentaria	75.35	1.71
23	Fabricación de productos derivados del petróleo y del carbón	47.93	1.09
	SUMATORIA	4404.57	95.54

Fuente: Salazar, M. I., Tapia, T. G., Vite, P., M., A. (2018). *Impacto de la actividad económica de Morelia en la emisión de gases de efecto invernadero. Un análisis aplicado de Insumo-Producto* (2003). Los Reyes.

Tabla 10. *Principales ramas emisoras de GEI de Morelia en 2013.*

No	Actividad económica	Gg en CO2 en gg (2013)	% de emisiones en el municipio (2013)
39	Autotransporte de carga	921.188	62.656
11	Edificación	233.878	15.908
5	Servicios relacionados con las actividades agropecuarias y forestales	75.021	5.103
34	Otras industrias manufactureras	55.327	3.763
35	Comercio	43.997	2.993
2	Cría y explotación de animales	37.484	2.549
22	Impresión e industrias conexas	26.588	1.808
54	Instituciones de intermediación crediticia y financiera no bursátil	16.868	1.147
	SUMATORIA	1470.24	95.93

Fuente: elaboración propia con base en los distintos inventarios de emisiones de GEI en Morelia.

Estos sectores presentan un índice de impacto significativo por encima de la media en la economía de la ciudad, el sector 2 por parte de la demanda con un 1.39, mientras que el sector 35 y 39 lo presentan del lado de la oferta con un índice de 3.75 y 1.47 respectivamente. Por lo que, siendo actividades económicas sobresalientes y de alto impacto tanto por arrastre hacia adelante como hacia atrás es que se llega a explicar dicho comportamiento.

4.1.2. Índice de incremento de contaminación por actividad económica.

Se obtuvo un índice de variación sobre la contaminación de gases efecto invernadero emitida por los sectores con base a ambos periodos (2003 y 2013), la tabla de todos los sectores se encuentra en el anexo 5, mientras que los 7 sectores que arrojaron un índice por encima de la media están representados en el gráfico 12.

Gráfico 12. *Sectores con mayor crecimiento de emisión de GEI en Morelia de 2003 a 2013.*

Fuente: elaboración propia con base en el estudio de Salazar (2018) y el inventario de GEI de Morelia.

Notablemente el sector de *Edificación* es el qué presenta un mayor crecimiento, y coinciden con los resultados anteriormente presentados de los que más contaminan, es decir, el crecimiento que presentó durante la primera década del siglo fue significante y se llega a observar en el crecimiento de la ciudad, ya que, el sector *de Construcción de obras de ingeniería civil* y los *Corporativos* también se encuentra dentro de los índices con mayor crecimiento. Teniendo en cuenta que en el 2003 se crea una asociación civil conocida como Festival Internacional de Cine en Morelia (FICM, 2021), que en parte explica el crecimiento del sector de *Industria fílmica y del video e industria del sonido;* añadiendo también los diversos programas sociales tanto municipales como estatales a lo largo de esa década incentivaron los *Servicios de asistencia social* y las *Asociaciones y organizaciones.*

4.1.3. Índice de arrastre contaminante en Morelia de 2003 y 2013.

En cuanto a los índices de arrastre en el periodo de 2003 se ubican en los anexos los resultados de todos los sectores, mientras que de aquellos cuyo valor se encuentra por encima de la media se presenta en la siguiente tabla:

Tabla 11. *Sectores con mayor índice de arrastre de la contaminación, demanda y oferta 2003.*

No	Actividad económica	Demanda fj	Oferta hi
2	Cría y explotación de animales	3.58	2.46
3	Aprovechamiento forestal	14.89	20.42
9	Generación, transmisión y distribución de energía eléctrica	6.95	7.79
11	Edificación	1.57	0.01
14	Industria alimentaria	3.25	0.90
15	Industria de las bebidas y del tabaco	8.44	3.15
21	Industria del papel	6.12	5.07
24	Industria química	1.50	1.20
26	Fabricación de productos a base de minerales no metálicos	1.90	2.09
35	Comercio	18.55	27.41
39	Autotransporte de carga	7.87	8.55
40	Transporte terrestre de pasajeros, excepto por ferrocarril	18.80	13.98
54	Instituciones de intermediación crediticia y financiera no bursátil	0.50	2.18
63	Manejo de desechos y servicios de remediación	1.81	1.67
74	Servicios de reparación y mantenimiento	1.60	1.77

Fuente: Fuente: elaboración propia con base el estudio de Salazar (2018).

Durante la década se presentaron diversos avances tecnológicos y científicos, a los que, los agentes económicos se adaptaron paulatinamente, conforme se sustituían nuevas maquinarias, tecnologías, insumos, se firmaban distintos acuerdos comerciales que favorecen y agilizan las importaciones y exportaciones, se modificaba la estructura económica global y regional, adaptándose a su vez el mercado a las nuevas demandas y ofertas de los consumidores. Es importante considerar que durante esta década también se avanzó en materia ambiental, razón que puede reflejarse en los índices de 2013, ya que las actividades económicas continúan en la ciudad, pero con adaptaciones que no afecten de la misma manera al medio ambiente, pero sin afectar su capacidad productiva.

En contraste con los índices de arrastre arrojados durante el 2003 y 2013, se ubican cuatro sectores que destacan en ambos periodos, los cuales se presentan en el siguiente gráfico:

Gráfico 13. *Principales sectores que estimulan la contaminación en Morelia 2003 y 2013.*

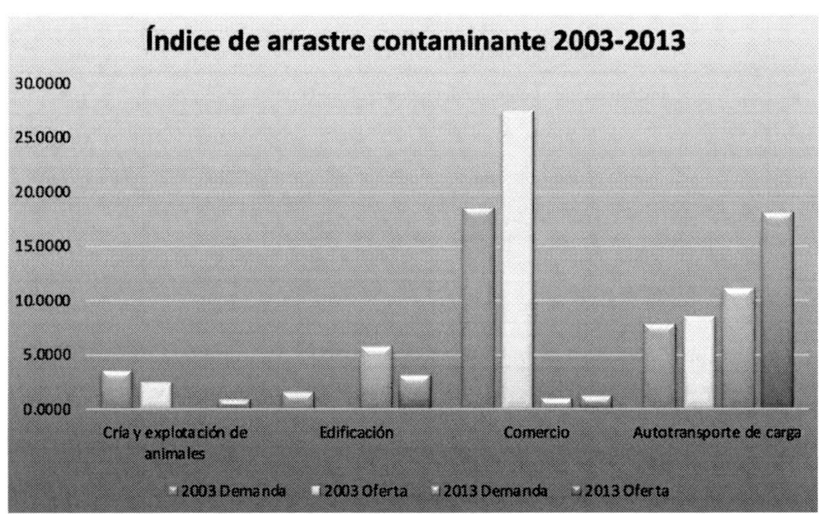

Fuente: elaboración propia con base el estudio de Salazar (2018) y el inventario de GEI de Morelia.

La mayoría de estos sectores arrojaron resultados por encima de la media en ambos periodos tanto en oferta como en la demanda, es decir, considerados como sectores claves para la estimulación de la emisión de gases efecto invernadero, con la excepción del sector 11 Edificación durante el periodo de 2003 en el índice de arrastre de oferta.

El comportamiento de estos sectores durante la década refleja un desplazamiento de participación, ya que los sectores que fueron significantes durante el estudio de 2003 como propulsores principales de la contaminación de la ciudad, representan un índice mucho más bajo en el estudio de 2013 y viceversa.

El sector (35) *Comercio* en 2003 representaba el sector con mayor índice de arrastre con un 18.5513 por parte de la demanda y un 27.4135 por parte de la demanda, mientras que para el estudio de 2013 arroja un índice de 0.9665 por parte de la demanda y un 1.2232 por parte de la oferta, contrastando un descenso radical para el sector. En cuanto al sector (39) *Autotransporte de carga*, en 2003 arrojaba índices de 7.86 y 8.55 en cuanto a demanda y oferta respectivamente y para el 2013 arroja índices de 11.15 y 18.12 respectivamente, aumentando casi el doble de sus emisiones durante este periodo. El sector (3) *Cría y explotación de animales* presenta una disminución considerable respecto a sus índices, ya que para 2013 se encuentran por debajo del 1 para la demanda y oferta. El sector (11) *Edificación* es de los que mayor aumento presentó, como ya se revisó en los gráficos anteriores, este sector aumenta su índice de arrastre más del triple de incidencia que presentaba durante 2003.

4.2. Sector más contaminante para el estudio 2013 en Morelia.

Con base en los diferentes resultados obtenidos en el análisis Insumo-Producto, se identifica a la actividad *39* correspondiente al *Autotransporte de carga* como aquella que mayor cantidad de GEI produce, así como una de las principales que más la estimula por medio de su oferta y demanda en el municipio. Por lo que en este apartado se profundiza más en este sector, primero se desarrolla el contexto económico de la participación del sector dentro de la economía moreliana, así como se señalan los principales instrumentos regulatorios para el problema que existe y los resultados del sector arrojados dentro del análisis de Insumo-Producto 2013.

4.2.1. Contexto económico y su participación de contaminación en la ciudad.

Con base en el SCIAN (2018), el sector de autotransporte de carga abarca entre sus actividades al autotransporte general de productos empacados o sueltos, con caja de rendijas o cubierta, remolques, semirremolques, contenedores, plataformas; requeridos para transportar materiales para la construcción, madera, derivados de la madera, servicios de mudanzas y aquellos productos que requieran una temperatura específica para conservar la calidad. Excluye a los vehículos de manejo y recolección de residuos peligrosos o de remediación.

Con base en los datos arrojados del DENUE, en la ciudad de Morelia se encuentran 60 unidades económicas que pertenecen al sector de *Autotransporte de carga*, de las cuales, 31 son microempresas, 19 son pequeñas, 8 son medianas y solo dos son grandes empresas, una encargada de transporte de material para la construcción y la otra recolectora de residuos sólidos.

Gráfico 14. *Antigüedad de los vehículos.*

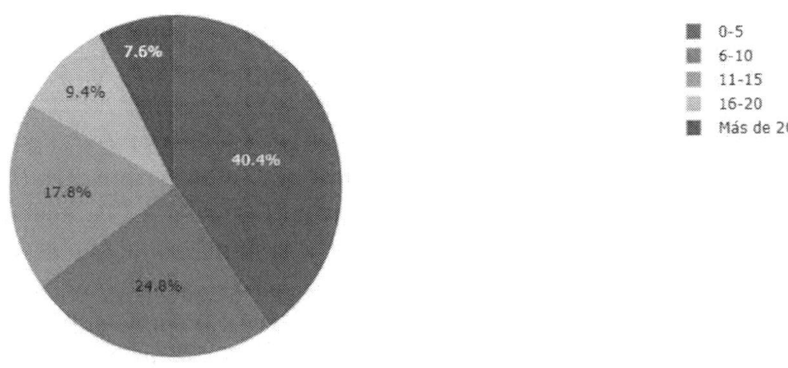

Fuente: H. Ayuntamiento de Morelia a través del IMPLAN (2009).

En los gráficos 14 y 15 se presentan la antigüedad y el tipo de los parques vehiculares del autotransporte de carga con base en el Estudio de Emisiones y Actividad Vehicular del Instituto Municipal de Planeación Morelia, el cual cuenta con datos de Morelia tomados del 2009.

En el gráfico 14 se observa que casi la mitad cuenta con una antigüedad de los últimos 5 años del periodo en que se levantó el censo, mientras que el 17.8% son vehículos con una antigüedad mayor a 6 años. Con base en un estudio del INECC y la SEMARNAT (2010), los vehículos con una antigüedad mayor a los diez años contaminan más que el resto, 3.8 veces más CO; 5 veces más HC; y, 2.3 veces más NO; por lo que, el 34.8% de los vehículos registrados pertenecen a este segmento.

En cuanto al gráfico 15, se observa que más de la mitad de los vehículos es de tipo automóvil, mientras que el 32.62% (considerando el tipo de vehículo pick up, utilitario y camión pesado) pertenece al sector de autotransporte de carga.

Gráfico 15. *Distribución de la flota por tipo de vehículo en Morelia.*

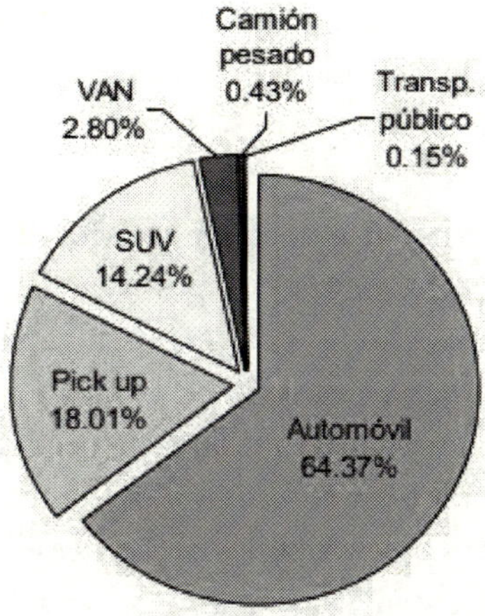

Fuente: (INECC y SEMARNAT, 2010). Estudio de emisiones y actividad vehicular en Morelia, Michoacán. Recuperado de:
https://www.gob.mx/cms/uploads/attachment/file/112404/2010_CGCSA_RSD_Morelia.pdf

Aunando los gráficos y datos anteriores al contexto municipal del sector, se presenta con base en los censos económicos de 2010 en el gráfico 16, que integra algunas de las principales variables económicas:

Gráfico 16. *Contexto económico del autotransporte de carga en Morelia.*

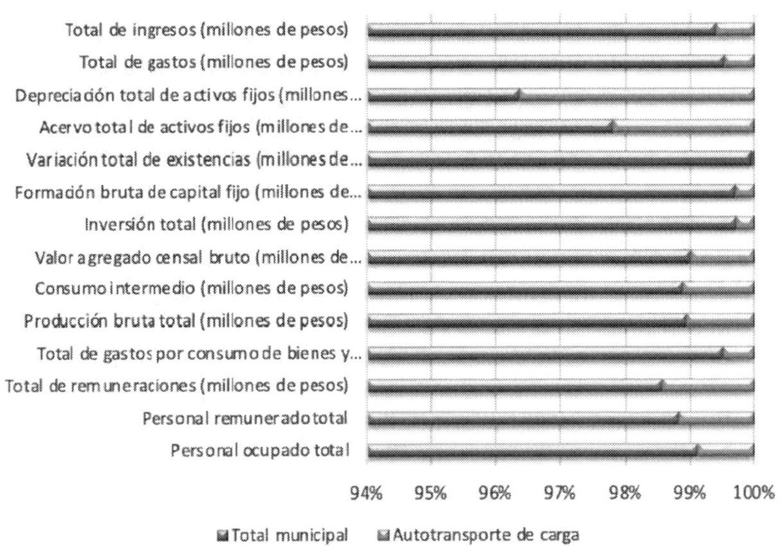

Fuente: elaboración propia con base en los censos económicos de 2010.

El sector de autotransporte de carga en Morelia representa un total de ingresos de 526.315 en millones de pesos; 296.963 millones de pesos en total de gastos; 4.727 millones de pesos en inversión total; 234.803 millones de pesos en valor agregado censal bruto; 291.102 millones de pesos en consumo intermedio; 525.905 millones de pesos en producción bruta total y 1400 de personal ocupado total. En el anexo 9 se presentan los datos correspondientes a las variables presentadas en el gráfico 16, contrastando el total municipal y el arrojado del sector.

4.2.2. Instrumentos regulatorios existentes en el sector de autotransporte de carga.

Con base en el Congreso del Estado de Michoacán, por medio del Reglamento de la Ley de Comunicaciones y Transportes del Estado de Michoacán (2018), se establece según los artículos 45 y 58 que, los vehículos de autotransporte de carga deben cumplir los límites de contaminación fijados en las normas oficiales, los inspectores de la Comisión Coordinadora del Transporte público del Estado de Michoacán (COCOTRA) podrán imponer sanciones en materia de tránsito y transporte, así como se sancionará aquellos que incumplan en tiempo y forma con los requisitos para la verificación. En el anexo 8 se encuentran los mencionados artículos.

Se cuenta con el Programa de Verificación Vehicular y Monitoreo a Vehículos Ostensiblemente Contaminantes del Estado de Michoacán, en el cual, los vehículos deben acudir para realizar la verificación anualmente con forme a la terminación de sus placas y tipo de vehículo que tenga. Así mismo, se tienen estandarizado el límite de emisiones que tiene permitido emitir según la antigüedad del vehículo (Congreso del Estado, 2018), en la tabla 12 se presentan los límites máximos permisibles para vehículos automotores en función del método de pruebo dinámica y el año modelo:

Tabla 12. *Límites máximos permisibles de emisiones para vehículos automotores en circulación.*

Año – modelo vehicular	HC (hppm)	CO (% vol)	O2 (% vol)	NOx (ppm)	Dilución (CO+CO2 %vol)		Factor Lambda Máx
1990 y anteriores	350	2,5	2,0	2 500	13	16,5	1,05
1991 y posteriores	100	1,0	2,0	1 500	13	16,5	1,05

Fuente: Congreso del Estado de Michoacán. (2018).
Periódico Oficial del Gobierno Constitucional del Estado de Michoacán de Ocampo.
Recuperado de: http://leyes.michoacan.gob.mx/destino/O13559po.pdf

4.2.3. Resultados del sector obtenidos mediante el análisis Insumo-Producto.

En la tabla 13 se presentan los resultados obtenidos del sector de autotransporte de carga a lo largo del presente trabajo de investigación, como la regionalización del inventario de gas efecto invernadero de Morelia, el porcentaje de emisiones, el índice de arrastre contaminante que representa tanto en oferta como en demanda y el índice de contaminación considerando los valores arrojados en el estudio de 2003.

Tabla 13. Resultados del Autotransporte de carga en análisis 2013.

Número de sector	39
Actividad económica	Autotransporte de carga
Gg en CO2 (2013)	921.1883
% de emisiones (2013)	62.66%
Índice de arrastre en demanda (gj)	11.155
Índice de arrastre en oferta (ki)	18.1291
Índice de contaminación (2003-2013)	173.99
% del crecimiento de emisión	0.197%

Fuente: elaboración propia con base en los resultados obtenidos del presente trabajo de investigación.

Como ya se contrastó y resaltó en capítulos anteriores, el autotransporte de carga es el sector más contaminante arrojado en la formación de inventarios regionales de Morelia, también representa un sector clave en la estimulación de la contaminación en la ciudad dado los altos índices de arrastre de la oferta y demanda arrojados, en cuanto al índice de contaminación no refleja un crecimiento significativo en el sector pero no disminuye el alto nivel de contaminación que genera, ya que, en el estudio de 2003 también se encuentra entre los sectores más contaminantes de la ciudad.

Capítulo 5. Conclusiones

Finalizando con el trabajo de investigación, se mencionan los resultados generales y más significativos obtenidos a lo largo del trabajo. Partiendo con recordar la hipótesis planteada al inicio, en la que se esperaba una relación cercana y positiva entre crecimiento económico y contaminación, es decir que, aquellas actividades económicas que más estimulaban la economía regional de Morelia sean las mismas que más emisiones contaminantes generan en la ciudad.

En cuanto a los sectores económicos se aprueba dicha hipótesis, ya que, el sector secundario y terciario son los que más estimulan la economía y la emisión de gases contaminantes; sin embargo, desglosando las actividades económicas que se encuentran en dentro de estos sectores, se observa que si bien no es una sola actividad la que estimule la economía y la contaminación, si se presentan entre las principales actividades que más la estimulan.

Es decir, en la economía de Morelia se identificó a la *Cría y explotación de animales* como aquella actividad con mayor índice de arrastre en la economía por parte de la demanda, mientras que en la parte de oferta se identifica al *Comercio*. Si bien dichas actividades no son las que mayor índice de contaminación generan, si arrojan índices significativos; La *Cría y explotación de animales* presenta un índice que casi alcanza el 1 en cuanto a la oferta, mientras que el *Comercio* presenta un índice por encima de 1 en el índice de oferta y en la demanda casi alcanza el 1, que es el indicador que sirve de base.

En cuanto a las actividades económicas con mayor índice de arrastre contaminante se identifica al *Autotransporte de carga* y la *Edificación* tanto en el lado de la demanda como en la oferta. Sin embargo, la participación de estas actividades dentro de la economía de Morelia es significativa, si bien no son las que mayor la estimulan, si presentan fuertes índices de arrastre; la *Edificación* se encuentra dentro del clúster de demanda económica mientras que el *Auto transporte de carga* se encuentra en el clúster de oferta económica.

Por otra parte, el comportamiento de emisión registrado en el estudio de 2003 y el obtenido para 2013 presenta variaciones interesantes en algunas actividades económicas. En 2003 el sector *Comercio* fue quien mayor índice de contaminación presentó con un 886.52 gg de GEI, mientras que en 2013 arroja un 43.99 gg de GEI. En cuanto a la *Edificación,* mostraba 0.46 gg de GEI, mientras que en 2013 presenta un 233.8783 gg de GEI. Mientras que el *Auto transporte de carga* presentaba en 2003 un 529.45 gg de GEI, para el 2013 arroja un 921.188 gg de GEI, si bien no presento un crecimiento tan significante como la *Edificación,* los niveles de gg de GEI que registra son importantes en la contaminación que representa para la ciudad.

En cuanto a las actividades que más estimulaban la contaminación por parte de la demanda en 2003, se encuentra el *Transporte terrestre de pasajeros, excepto por ferrocarril,* con un índice de 18.80 mientras que, por parte de la oferta, es el *Comercio* con un índice de 27.80. Para el estudio de 2013 se encuentra el *Autotransporte de carga* tanto por el lado de la demanda con un índice de 11.16 como de la oferta con un índice de 18.13. Mientras que en 2013 el *Transporte terrestre de pasajeros, excepto por ferrocarril* arroja un índice de contaminación de 0.03 por parte de la demanda y oferta; el *Comercio* arroja un índice de 0.97 por parte de la demanda y un 1.22 por parte de la oferta, si bien no es la actividad con mayor índice de arrastre contaminante por parte de la oferta, si se encuentra entre las más significantes que conforman el clúster contaminante de oferta.

Respecto al sector económico más contaminante, encontramos que es el servicio de autotransporte de carga, dado que sus índices de arrastre contaminante son significativamente altos.

Una de las finalidades de la investigación es fungir como sustento científico para lograr implementar una política pública y lograr corregir el problema o disminuir en su caso la problemática social que esta genere. Sin embargo, para lograr ejecutarla es necesario presentarla ante las autoridades correspondientes y que estas logren darle el seguimiento adecuado, ya que, en la parte burocrática se llegan a estancar o incluso descartar debido a distintos factores; entre los cuales se encuentran: un trabajo de investigación deficiente, ausencia de la relación costo-beneficio, intereses personales o políticos de por medio, entre otros. Esperando que para dicho caso no se presente ningún inconveniente y se logré ejecutar con éxito.

Bibliografía

Aguilar, V., L., F. (1992). *El estudio de las políticas públicas.* Miguel Ángel Porrúa.

Aguilar, V., L. F. (1992). *La hechura de las políticas.* Miguel Ángel Porrúa.

Aguilar, V., L. F. (1993). *La implementación de las políticas.* Miguel Ángel Porrúa.

Alcántara, V. (2007). Análisis input-output y emisiones de CO2 en España: un primer análisis para la determinación de sectores clave en la emisión. *Universidad Autónoma de Barcelona.* https://www.researchgate.net/publication/24138233_Analisis_Input-Output_Y_Emisiones_De_Co2_En_Espana_Un_Primer_Analisis_Para_La_Determinacion_De_Sectores_Clave_En_La_Emision

Alfie C., Miriam (2016). Política ambiental mexicana. Montañas de papel, ríos de tinta y pocos cambios en cuarenta años. El Cotidiano, (200), 209-222. ISSN: 0186-1840. Disponible en: https://www.redalyc.org/articulo.oa?id=325/32548630018

Ázqueta, Diego. (2007). *Los problemas ambientales* (2a ed.). Mc Graw Hill.

BioInteractive. (2017). Tendencias en el dióxido de carbono atmosférico. Recuperado de: https://www.biointeractive.org/sites/default/files/DioxidodeCarbono-Educador-PD.pdf

Caballero, M., Lozano, S., Ortega, B. (2007). Efecto invernadero, calentamiento global y cambio climático: una perspectiva desde las ciencias de la tierra. *Revista digital universitaria, 8*(10), 3-5. http://www.revista.unam.mx/vol.8/num10/art78/int78.htm#a

Calderón M. S. y Rey B. L. M. (2012). *Matemáticas para la economía y la empresa.* Pirámide.

Carmona, Chávez y Pérez (2007). El desarrollo regional en el contexto de las políticas públicas. El caso de la región Cuitzeo del estado de Michoacán, 1998-2006. *Desarrollo endógeno y competitividad regional.* UMSNH ININEE, Morelia Michoacán.

Carmona R. J. M. G. (2009). *El desarrollo regional en el contexto de las políticas públicas: el caso de la región Cuitzeo del estado de Michoacán.* (Tesis de maestría, Centro de Investigación y Desarrollo del Estado de Michoacán).

Carreto Sanguinez, J. (2013). Marshall y los sistemas productivos locales. *Economía informativa* (383), pp.90-106. http://www.economia.unam.mx/publicaciones/econinforma/383/06carreto.pdf

Charlson, R. J. (1999). Giants' footprints in the greenhouse. *Nature* 401, 741–742. https://doi.org/10.1038/44456

Congreso del Estado de Michoacán. (2015). Ley Orgánica de la Administración Pública del Estado de Michoacán de Ocampo. Recuperado de: https://www.gob.mx/cms/uploads/attachment/file/173182/LEY_ORGANICA_ADMINISTRACION_PUBLICA_ESTADO_MICHOACAN.pdf

Congreso de Michoacán de Ocampo. (2017). Ley de Cambio Climático del Estado de Michoacán de Ocampo. No. 273. Tomo CLXVIII, número 54, séptima sección. http://congresomich.gob.mx/trabajo-legislativo/marco-normativo/

Congreso del Estado de Michoacán. (2017). Reglamento de Tránsito y vialidad del Municipio de Morelia, Michoacán. Recuperado de: https://semovep.morelia.gob.mx/pdf/reglamentoTransitoVialidadMunicipioMorelia.pdf

Congreso del Estado de Michoacán. (2018). Periódico Oficial del Gobierno Constitucional del Estado de Michoacán de Ocampo. Recuperado de: http://leyes.michoacan.gob.mx/destino/O13559po.pdf

Congreso del Estado de Michoacán. (2018). Reglamento de la Ley de Comunicaciones y Transportes del Estado de Michoacán. Recuperado de: http://congresomich.gob.mx/file/Reglamento-de-la-Ley-de-Comunicaciones-y-Transportes-del-Estado-de-Michoac%C3%A1n.pdf

Cordero, S., I., Molina, A. (2017). Efectos medioambientales y Contaminación del Aire. La utilidad de la Matriz Insumo Producto para su análisis. https://www.researchgate.net/publication/336856415_Efectos_medioambientales_y_Contaminacion_del_Aire_La_utilidad_de_la_Matriz_Insumo_Producto_para_su_analisis

Crespo, F. J. (2014). Ciclo de vida de los clústers: hacia una conceptualización dinámica de la evolución de los clústers. *Economía industrial,* (391), 125-132. Recuperado de: https://www.mincotur.gob.es/Publicaciones/Publicacionesperiodicas/EconomiaIndustrial/RevistaEconomiaIndustrial/391/JOAN%20CRESPO.pdf

Díaz Cordero, Gerarda (2012). El cambio climático. *Ciencia y Sociedad,* *37*(2), ISSN: 0378-7680. Disponible en: https://www.redalyc.org/articulo.oa?id=870/87024179004

Energía y sociedad. (s.f.). El cambio climático y los acuerdos internacionales. Recuperado de: http://www.energiaysociedad.es/manenergia/3-1-el-cambio-climatico-y-los-acuerdos-internacionales/

Festival Internacional de Cine en Morelia. (FICM, 2021). *Ediciones anteriores.* Recuperado de: https://moreliafilmfest.com/ediciones-ficm/

Fuentes, N., A. (2005). Construcción de una matriz regional Insumo-Producto. *Problemas del desarrollo, 36*(140), 89-112. http://dx.doi.org/10.22201/iiec.20078951e.2005.140.7562

Fuentes, N., A., Brugués, A. y González, K., G. (2018). Simulación de un modelo Insumo Producto dinámico: multiplicadores de producción para Coahuila. *Revista de economía, 35*(91), 93-117. http://www.scielo.org.mx/scielo.php?script=sci_arttext&pid=S2395-87152018000200093&lng=es&tlng=es

Fuentes, N., A. y García A., A. (2009). Jerarquización regional de la economía mexicana: un enfoque de teoría de grafos. *Problemas del desarrollo, 40*(158), 137-159. http://www.scielo.org.mx/scielo.php?script=sci_arttext&pid=S0301-70362009000300007

Gómez, C, Barrón, K y Moreno, L. (2011). Crecimiento económico y medio ambiente en México. *El Trimestre Económico, 78*(311), 547- 582. http://www.scielo.org.mx/scielo.php?script=sci_arttext&pid=S2448-718X2011000300547

Greenpeace. (2018). *IMÁGENES Y DATOS: ASÍ NOS AFECTA EL CAMBIO CLIMÁTICO.* Recuperado de: https://es.greenpeace.org/es/wp-content/uploads/sites/3/2018/11/GP-cambio-climatico-LR.pdf

H. Ayuntamiento de Morelia. (2009). Estudio de Emisiones y Actividad Vehicular. Instituto Municipal de Planeación Morelia. Recuperado de: https://implanmorelia.org/virtual/emisiones-y-actividad-vehicular/

Hernández, E. (2005). *Un Modelo Insumo Producto (MIP) como instrumento de análisis económico. Año 1997, Caso Venezuela.* Banco Central de Venezuela. https://www.researchgate.net/publication/288666789_Un_Modelo_Insumo_Producto_MIP_como_instrumento_de_analisis_economico_Ano_1997_Caso_Venezuela

Hilgemberg, E., M., y Guilhoto, J., JM. (2006) Uso de combustíveis y emisiones de CO2 en Brasil: un modelo interregional de insumo-producto. *Nova Economía, 16* (1), 49-99. https://doi.org/10.1590/S0103-63512006000100002

Huerta V., R. (2012). *Identificación de las vocaciones productivas y clúster industriales a través de la estimulación de la matriz de insumo-producto de Morelia para el año 2003.* [tesis de licenciatura, Universidad Michoacana de San Nicolás de Hidalgo].

Instituto Goddard de Estudios Espaciales de la National Aeronautics and Space Administration. (NASA, 2020). *Global Temperature.* https://climate.nasa.gov/vital-signs/global-temperature/

Instituto Nacional de Ecología y Cambio Climático. (INECC, 2010). Inventario Nacional de Emisiones de Gases y Compuestos de Efecto Invernadero (INEGyCEI). Recuperado de: https://datos.gob.mx/busca/dataset/inventario-nacional-de-emisiones-de-gases-y-compuestos-de-efecto-invernadero-inegycei

Instituto Nacional de Ecología y Cambio Climático y Secretaria de Medio Ambiente y Recursos Naturales. (INECC y SEMARNAT, 2010). Estudio de emisiones y actividad vehicular en Morelia, Michoacán. Recuperado de: https://www.gob.mx/cms/uploads/attachment/file/112404/2010_CGCSA_RSD_Morelia.pdf

Instituto Nacional de Estadísticas y Geografía (INEGI, 2011). Encuesta Anual de Transporte. Recuperado de: https://www.inegi.org.mx/contenido/productos/prod_serv/contenidos/espanol/bvinegi/productos/integracion/encues-trans/2011/EAT1_2011.pdf

Instituto Nacional de Estadística y Geografía. (2014). *Desarrollo de la matriz de insumo producto 2012 fuentes y metodologías.* https://www.inegi.org.mx/contenidos/programas/mip12/2008/metodologias/SCNM_Metodologia_28.pdf

Instituto Nacional de Estadísticas y Geografía. (2018). Sistema Automatizado De Información Censal. Recuperado de: https://www.inegi.org.mx/app/saich/v2/

Instituto Nacional de Estadísticas y Geografía. (2020). Directorio Estadístico Nacional de Unidades Económicas. https://www.inegi.org.mx/app/mapa/denue/

Intergovernmental Panel on Climate Change (IPCC, 2013). Glosario [Planton, S. (ed.)]. En: Cambio Climático 2013. Bases físicas. Contribución del Grupo de trabajo I al Quinto Informe de Evaluación del Grupo Intergubernamental de Expertos sobre el Cambio Climático. Cambridge University Press, Cambridge, Reino Unido y Nueva York, NY, Estados Unidos de América.

Laboratorio de Monitoreo Global de la Administración Nacional Oceánica y Atmosférica (NOAA, 2020). *Trends in Atmospheric Carbon Dioxide.* https://www.esrl.noaa.gov/gmd/ccgg/trends/

Lucas, G. A. (2018). El acuerdo de París sobre el cambio climático: temas y principios ambientales renovados. *Revista de la Facultad,* 9(2), 167-188. https://revistas.unc.edu.ar/index.php/refade/article/view/24858

Mariscal, G.M. (2013). *El clúster del tequila en Arandas, Jalisco Identificación de redes por medio de la Matriz Insumo Producto* [tesis de maestría, Universidad de Guadalajara].

Martínez S., G., & Corrales, C., S. (2017). Cadenas productivas y clusters en la economía regional de Nuevo León. Un análisis con matrices de insumo-producto. *Economía: teoría y práctica*, (46), 41-69. https://doi.org/10.24275/etypuam/ne/462017/martinez

Mena Díaz, N. (2012). Redes sociales y Gestión de la Información: un enfoque desde la teoría de grafos. *Ciencias de la Información, 43* (1). 29-37. https://www.redalyc.org/articulo.oa?id=181423784005

Naciones Unidas (s.f.). *De Estocolmo a Kyoto: Breve historia del cambio climático.* https://www.un.org/es/chronicle/article/de-estocolmo-kyotobreve-historia-del-cambio-climatico

National Aeronautics and Space Administration. (2020). Global climate change: global temperature. https://climate.nasa.gov/system/internal_resources/details/original/647_Global_Temperature_Data_File.txt

Organización de las Naciones Unidas. (ONU, 1993). *Convención Marco de las Naciones Unidas sobre el Cambio Climático*. Recuperado de: https://unfccc.int/resource/docs/convkp/convsp.pdf

Organización de las Naciones Unidas. (2019). *Las ciudades y la contaminación contribuyen al cambio climático.* Cumbre 2019 ACCION CLIMATICA. Recuperado de: https://www.un.org/es/climatechange/cities-pollution.shtml

Organización de las Naciones Unidas. (2020). *Cambio climático.* https://www.un.org/es/sections/issues-depth/climate-change/index.html

Pérez Calderón, J. (2010) La política ambiental en México: Gestión e instrumentos económicos. *El Cotidiano.* (Julio-agosto); https://www.redalyc.org/pdf/325/32513882011.pdf

Pineda P. N. (2007). El concepto de políticas Públicas: Alcances y Limitaciones. *Semanario de políticas Públicas*. ITAM. México D.F.

Programa de las naciones unidas para el medio ambiente. (2000). *Perspectivas del medio ambiente mundial. Global Environment Outlook (GEO 2000),* Madrid, España: Ediciones Mundi Prensa.

Ramos, M. J. (2012). Economía Biofísica. *Investigación y ciencia.* p. 71. https://www.investigacionyciencia.es/files/7093.pdf

DOI:10.2139 / ssrn.3508271

Rodríguez, J. J., Bernal, M., Cota, R. y Ortiz, E. R. (2016). *Aglomeraciones productivas en espacios locales: el caso de Jalisco.* Editorial- Universidad de Guadalajara.

Ruiz N., P. (2011). Estimación de los costos relativos de las emisiones de gases de efecto invernadero en las ramas de la economía mexicana. *El trimestre económico, 78*(309), 173-191. http://www.scielo.org.mx/scielo.php?script=sci_arttext&pid=S2448-718X2011000100173&lng=es&tlng=es

Salazar, M. I., Tapia, T. G., Vite, P., M., A. (2018). *Impacto de la actividad económica de Morelia en la emisión de gases de efecto invernadero. Un análisis aplicado de Insumo-Producto (2003)*. Los Reyes.

Schuschny, Andrés Ricardo. (2005). *Tópicos sobre el modelo Insumo-Producto: Teoría y aplicaciones*. Santiago de Chile: Naciones Unidas. https://repositorio.cepal.org/bitstream/handle/11362/4737/S0501011_es.pdf

Secretaría de Medio Ambiente y Recursos Naturales. (SEMARNAT, 2010). Documentos del Inventario Nacional de Emisiones. Recuperado de: https://www.gob.mx/semarnat/documentos/documentos-del-inventario-nacional-de-emisiones

Senado de la Republica. (s/f). Sobre los lugares y las personas que hacen las leyes. Recuperado de: https://www.senado.gob.mx/64/politica_ninos/congresos

Vengoechea, A. (2012). Las cumbres de las naciones unidas sobre el cambio climático. *FES*. Recuperado de: https://library.fes.de/pdf-files/bueros/la-energiayclima/09155.pdf

Zhang, H. y Lahr, L., M. (20017). Peak carbon emission in China: Input-output studies on the consequences of the 2015 Paris Agreement. *Nanjing University*. DOI: 10.4324 / 9781315225937-8

Anexo I. Tabla de clúster estimulante de la economía por parte de la demanda y oferta

No	Actividad	Índice de arrastre en Demanda	Índice de arrastre en Oferta
1	Agricultura	1.09	1.01
2	Cría y explotación de animales	1.39	1.00
3	Aprovechamiento forestal	1.04	1.05
4	Pesca, caza y captura	1.13	1.00
5	Servicios relacionados con las actividades agropecuarias y forestales	1.07	1.02
7	Minería de minerales metálicos y no metálicos, excepto petróleo y gas	1.05	1.01
8	Servicios relacionados con la minería	1.17	1.00
9	Generación, transmisión y distribución de energía eléctrica	1.19	1.00
10	Suministro de agua y suministro de gas por ductos al consumidor final	1.13	1.36
11	Edificación	1.19	1.00
12	Construcción de obras de ingeniería civil	1.22	1.00
13	Trabajos especializados para la construcción	1.11	1.29
14	Industria alimentaria	1.17	1.60
15	Industria de las bebidas y del tabaco	1.39	1.02
16	Fabricación de insumos textiles y acabado de textiles	1.20	1.18
17	Fabricación de productos textiles, excepto prendas de vestir	1.17	1.05
18	Fabricación de prendas de vestir	1.21	1.01
19	Curtido y acabado de cuero y piel, y fabricación de productos de cuero, piel y materiales sucedáneos	1.29	1.00
20	Industria de la madera	1.22	1.03
21	Industria del papel	1.23	1.24
22	Impresión e industrias conexas	1.34	1.14

23	Fabricación de productos derivados del petróleo y del carbón	1.02	1.00
24	Industria química	1.13	1.71
25	Industria del plástico y del hule	1.23	1.33
26	Fabricación de productos a base de minerales no metálicos	1.15	1.10
27	Industrias metálicas básicas	1.10	1.00
28	Fabricación de productos metálicos	1.16	1.10
29	Fabricación de maquinaria y equipo	1.17	1.01
30	Fabricación de equipo de computación, comunicación, medición y de otros equipos, componentes y accesorios electrónicos	1.04	1.00
31	Fabricación de accesorios, aparatos eléctricos y equipo de generación de energía eléctrica	1.11	1.00
32	Fabricación de equipo de transporte	1.18	1.00
33	Fabricación de muebles, colchones y persianas	1.21	1.01
34	Otras industrias manufactureras	1.16	1.09
35	Comercio	1.11	3.75
36	Transporte aéreo	1.16	1.00
37	Transporte por ferrocarril	1.13	1.00
38	Transporte por agua	1.10	1.00
39	Autotransporte de carga	1.07	1.47
40	Transporte terrestre de pasajeros, excepto por ferrocarril	1.10	1.09
42	Transporte turístico	1.15	1.00
43	Servicios relacionados con el transporte	1.10	1.08
44	Servicios postales	1.10	1.00
45	Servicios de mensajería y paquetería	1.19	1.03
46	Servicios de almacenamiento	1.32	1.00
47	Edición de periódicos, revistas, libros, software y otros materiales, y edición de estas publicaciones integrada con la impresión	1.23	1.05
48	Industria fílmica y del video, e industria del sonido	1.26	1.04
49	Radio y televisión	1.30	1.00
50	Otras telecomunicaciones	1.11	1.04
51	Procesamiento electrónico de información, hospedaje y otros servicios relacionados	1.23	1.00

52	Otros servicios de información	1.27	1.00
54	Instituciones de intermediación crediticia y financiera no bursátil	1.13	1.33
55	Actividades bursátiles, cambiarias y de inversión financiera	1.18	1.01
56	Compañías de fianzas, seguros y pensiones	1.16	1.01
57	Servicios inmobiliarios	1.03	1.89
58	Servicios de alquiler de bienes muebles	1.15	1.00
59	Servicios de alquiler de marcas registradas, patentes y franquicias	1.09	1.00
60	Servicios profesionales, científicos y técnicos	1.11	2.04
61	Corporativos	1.07	1.08
62	Servicios de apoyo a los negocios	1.07	2.86
63	Manejo de desechos y servicios de remediación	1.18	1.00
64	Servicios educativos	1.06	1.02
65	Servicios médicos de consulta externa y servicios relacionados	1.15	1.00
66	Hospitales	1.20	1.00
67	Residencias de asistencia social y para el cuidado de la salud	1.19	1.00
68	Otros servicios de asistencia social	1.30	1.00
69	Servicios artísticos, culturales y deportivos, y otros servicios relacionados	1.07	1.02
70	Museos, sitios históricos, zoológicos y similares	1.23	1.00
71	Servicios de entretenimiento en instalaciones recreativas y otros servicios recreativos	1.18	1.00
72	Servicios de alojamiento temporal	1.16	1.12
73	Servicios de preparación de alimentos y bebidas	1.24	1.15
74	Servicios de reparación y mantenimiento	1.14	1.33
75	Servicios personales	1.15	1.06
76	Asociaciones y organizaciones	1.21	1.05
	MEDIA	1.17	1.16

Anexo II. Inventario de emisiones gases efecto invernadero de Morelia 2013

No	Actividad económica	Gg en CO2 gg (2013)	% de emisiones en el municipio (2013)
1	Agricultura	2.1502	0.15
2	Cría y explotación de animales	37.4835	2.55
3	Aprovechamiento forestal	2.4503	0.17
4	Pesca, caza y captura	0.0631	0.00
5	Servicios relacionados con las actividades agropecuarias y forestales	75.0207	5.10
7	Minería de minerales metálicos y no metálicos, excepto petróleo y gas	0.0000	0.00
8	Servicios relacionados con la minería	0.0000	0.00
9	Generación, transmisión y distribución de energía eléctrica	0.0000	0.00
10	Suministro de agua y suministro de gas por ductos al consumidor final	1.9740	0.13
11	Edificación	233.8783	15.91
12	Construcción de obras de ingeniería civil	5.4929	0.37
13	Trabajos especializados para la construcción	5.6866	0.39
14	Industria alimentaria	6.8846	0.47
15	Industria de las bebidas y del tabaco	0.1586	0.01
16	Fabricación de insumos textiles y acabado de textiles	0.2579	0.02
17	Fabricación de productos textiles, excepto prendas de vestir	0.8180	0.06
18	Fabricación de prendas de vestir	0.1332	0.01
19	Curtido y acabado de cuero y piel, y fabricación de productos de cuero, piel y materiales sucedáneos	0.0488	0.00
20	Industria de la madera	0.0016	0.00
21	Industria del papel	0.3967	0.03

22	Impresión e industrias conexas	26.5880	1.81
23	Fabricación de productos derivados del petróleo y del carbón	0.0000	0.00
24	Industria química	1.2970	0.09
25	Industria del plástico y del hule	0.0025	0.00
26	Fabricación de productos a base de minerales no metálicos	0.0103	0.00
27	Industrias metálicas básicas	0.0013	0.00
28	Fabricación de productos metálicos	0.0087	0.00
29	Fabricación de maquinaria y equipo	0.0944	0.01
30	Fabricación de equipo de computación, comunicación, medición y de otros equipos, componentes y accesorios electrónicos	0.0000	0.00
31	Fabricación de accesorios, aparatos eléctricos y equipo de generación de energía eléctrica	0.0001	0.00
32	Fabricación de equipo de transporte	0.0016	0.00
33	Fabricación de muebles, colchones y persianas	2.4983	0.17
34	Otras industrias manufactureras	55.3272	3.76
35	Comercio	43.9969	2.99
36	Transporte aéreo	0.0000	0.00
37	Transporte por ferrocarril	0.0000	0.00
38	Transporte por agua	0.0000	0.00
39	Autotransporte de carga	921.1883	62.66
40	Transporte terrestre de pasajeros, excepto por ferrocarril	1.3612	0.09
42	Transporte turístico	0.0000	0.00
43	Servicios relacionados con el transporte	0.1873	0.01
44	Servicios postales	0.0000	0.00
45	Servicios de mensajería y paquetería	0.0913	0.01
46	Servicios de almacenamiento	0.0000	0.00
47	Edición de periódicos, revistas, libros, software y otros materiales, y edición de estas publicaciones integrada con la impresión	0.3855	0.03
48	Industria fílmica y del video, e industria del sonido	0.9959	0.07
49	Radio y televisión	0.4755	0.03
50	Otras telecomunicaciones	0.3956	0.03
51	Procesamiento electrónico de información, hospedaje y otros servicios relacionados	0.0000	0.00

52	Otros servicios de información	0.0000	0.00
54	Instituciones de intermediación crediticia y financiera no bursátil	16.8680	1.15
55	Actividades bursátiles, cambiarias y de inversión financiera	0.0353	0.00
56	Compañías de fianzas, seguros y pensiones	0.1019	0.01
57	Servicios inmobiliarios	0.6151	0.04
58	Servicios de alquiler de bienes muebles	0.0000	0.00
59	Servicios de alquiler de marcas registradas, patentes y franquicias	0.0000	0.00
60	Servicios profesionales, científicos y técnicos	1.3370	0.09
61	Corporativos	2.2973	0.16
62	Servicios de apoyo a los negocios	3.0793	0.21
63	Manejo de desechos y servicios de remediación	0.0004	0.00
64	Servicios educativos	5.5706	0.38
65	Servicios médicos de consulta externa y servicios relacionados	1.2443	0.08
66	Hospitales	0.7899	0.05
67	Residencias de asistencia social y para el cuidado de la salud	0.0894	0.01
68	Otros servicios de asistencia social	0.4300	0.03
69	Servicios artísticos, culturales y deportivos, y otros servicios relacionados	0.7003	0.05
70	Museos, sitios históricos, zoológicos y similares	0.0000	0.00
71	Servicios de entretenimiento en instalaciones recreativas y otros servicios recreativos	0.7773	0.05
72	Servicios de alojamiento temporal	0.8877	0.06
73	Servicios de preparación de alimentos y bebidas	3.9883	0.27
74	Servicios de reparación y mantenimiento	2.5578	0.17
75	Servicios personales	0.5743	0.04
76	Asociaciones y organizaciones	0.4875	0.03

Anexo III. Índices de arrastre contaminantes en demanda y oferta

No	Actividad	Índice contaminante demanda [g]	Índice contaminante oferta [k]
1	Agricultura	0.07	0.05
2	Cría y explotación de animales	0.03	0.93
3	Aprovechamiento forestal	0.08	0.07
4	Pesca, caza y captura	0.00	0.00
5	Servicios relacionados con las actividades agropecuarias y forestales	0.76	2.27
7	Minería de minerales metálicos y no metálicos, excepto petróleo y gas	0.00	0.00
8	Servicios relacionados con la minería	0.00	0.00
9	Generación, transmisión y distribución de energía eléctrica	0.00	0.00
10	Suministro de agua y suministro de gas por ductos al consumidor final	0.04	0.06
11	Edificación	5.77	3.15
12	Construcción de obras de ingeniería civil	0.14	0.10
13	Trabajos especializados para la construcción	-0.03	0.10
14	Industria alimentaria	0.16	0.07
15	Industria de las bebidas y del tabaco	0.00	0.00
16	Fabricación de insumos textiles y acabado de textiles	0.00	0.00
17	Fabricación de productos textiles, excepto prendas de vestir	0.02	0.01
18	Fabricación de prendas de vestir	0.00	0.00
19	Curtido y acabado de cuero y piel, y fabricación de productos de cuero, piel y materiales sucedáneos	0.00	0.00
20	Industria de la madera	0.00	0.00
21	Industria del papel	0.01	0.00
22	Impresión e industrias conexas	0.37	0.43

23	Fabricación de productos derivados del petróleo y del carbón	0.00	0.00
24	Industria química	0.03	0.01
25	Industria del plástico y del hule	0.00	0.00
26	Fabricación de productos a base de minerales no metálicos	0.00	0.00
27	Industrias metálicas básicas	0.00	0.00
28	Fabricación de productos metálicos	0.00	0.00
29	Fabricación de maquinaria y equipo	0.00	0.00
30	Fabricación de equipo de computación, comunicación, medición y de otros equipos, componentes y accesorios electrónicos	0.00	0.00
31	Fabricación de accesorios, aparatos eléctricos y equipo de generación de energía eléctrica	0.00	0.00
32	Fabricación de equipo de transporte	0.00	0.00
33	Fabricación de muebles, colchones y persianas	0.06	0.05
34	Otras industrias manufactureras	0.98	0.87
35	Comercio	0.97	1.22
36	Transporte aéreo	0.00	0.00
37	Transporte por ferrocarril	0.00	0.00
38	Transporte por agua	0.00	0.00
39	Autotransporte de carga	11.16	18.13
40	Transporte terrestre de pasajeros, excepto por ferrocarril	0.03	0.03
42	Transporte turístico	0.00	0.00
43	Servicios relacionados con el transporte	0.00	0.00
44	Servicios postales	0.00	0.00
45	Servicios de mensajería y paquetería	0.00	0.00
46	Servicios de almacenamiento	0.00	0.00
47	Edición de periódicos, revistas, libros, software y otros materiales, y edición de estas publicaciones integrada con la impresión	0.00	0.00
48	Industria fílmica y del video, e industria del sonido	0.02	0.02
49	Radio y televisión	0.01	0.01
50	Otras telecomunicaciones	0.01	0.01
51	Procesamiento electrónico de información, hospedaje y otros servicios relacionados	0.00	0.00

52	Otros servicios de información	0.00	0.00
54	Instituciones de intermediación crediticia y financiera no bursátil	0.00	0.00
55	Actividades bursátiles, cambiarias y de inversión financiera	0.00	0.00
56	Compañías de fianzas, seguros y pensiones	0.00	0.00
57	Servicios inmobiliarios	-0.01	0.01
58	Servicios de alquiler de bienes muebles	0.00	0.00
59	Servicios de alquiler de marcas registradas, patentes y franquicias	0.00	0.00
60	Servicios profesionales, científicos y técnicos	0.00	0.00
61	Corporativos	0.00	0.00
62	Servicios de apoyo a los negocios	-0.01	0.08
63	Manejo de desechos y servicios de remediación	0.00	0.00
64	Servicios educativos	0.16	0.17
65	Servicios médicos de consulta externa y servicios relacionados	0.00	0.00
66	Hospitales	0.03	0.02
67	Residencias de asistencia social y para el cuidado de la salud	0.00	0.00
68	Otros servicios de asistencia social	0.01	0.01
69	Servicios artísticos, culturales y deportivos, y otros servicios relacionados	0.04	0.03
70	Museos, sitios históricos, zoológicos y similares	0.00	0.00
71	Servicios de entretenimiento en instalaciones recreativas y otros servicios recreativos	0.01	0.01
72	Servicios de alojamiento temporal	0.00	0.00
73	Servicios de preparación de alimentos y bebidas	0.12	0.09
74	Servicios de reparación y mantenimiento	0.04	0.05
75	Servicios personales	0.01	0.01
76	Asociaciones y organizaciones	0.01	0.01

Anexo IV. Índice de contaminación de 2003 y 2013

No	Actividad económica	Gg en CO2 (2003)	% de emisiones (2003)	Gg en CO2 (2013)	% de emisiones (2013)	Índice de contaminación (2003-2013)	% del crecimiento de emisión
1	Agricultura	24.85	0.56	2.1502	0.15	8.65	0.010%
2	Cría y explotación de animales	172.2	3.91	37.4835	2.55	21.77	0.025%
3	Aprovechamiento forestal	663.02	15.05	2.4503	0.17	0.37	0.000%
4	Pesca, caza y captura	0.01	0.00	0.0631	0.00	630.55	0.716%
5	Servicios relacionados con las actividades agropecuarias y forestales	0	0.00	75.0207	5.10	0.00	0.000%
7	Minería de minerales metálicos y no metálicos, excepto petróleo y gas	0.68	0.02	0.0000	0.00	0.00	0.000%
8	Servicios relacionados con la minería	0	0.00	0.0000	0.00	0.00	0.000%
9	Generación, transmisión y distribución de energía eléctrica	222.99	5.06	0.0000	0.00	0.00	0.000%
10	Suministro de agua y suministro de gas por ductos al consumidor final	6.87	0.16	1.9740	0.13	28.73	0.033%
11	Edificación	0.46	0.01	233.8783	15.91	50843.11	57.712%
12	Construcción de obras de ingeniería civil	0.24	0.01	5.4929	0.37	2288.71	2.598%
13	Trabajos especializados para la construcción	0	0.00	5.6866	0.39	0.00	0.000%
14	Industria alimentaria	75.35	1.71	6.8846	0.47	9.14	0.010%
15	Industria de las bebidas y del tabaco	209.47	4.76	0.1586	0.01	0.08	0.000%
16	Fabricación de insumos textiles y acabado de textiles	1.77	0.04	0.2579	0.02	14.57	0.017%
17	Fabricación de productos textiles, excepto prendas de vestir	29.55	0.67	0.8180	0.06	2.77	0.003%
18	Fabricación de prendas de vestir	6.88	0.16	0.1332	0.01	1.94	0.002%

19	Curtido y acabado de cuero y piel, y fabricación de productos de cuero, piel y materiales sucedáneos	0.53	0.01	0.0488	0.00	9.21	0.010%
20	Industria de la madera	4.28	0.10	0.0016	0.00	0.04	0.000%
21	Industria del papel	251.53	5.71	0.3967	0.03	0.16	0.000%
22	Impresión e industrias conexas	7.53	0.17	26.5880	1.81	353.09	0.401%
23	Fabricación de productos derivados del petróleo y del carbón	47.93	1.09	0.0000	0.00	0.00	0.000%
24	Industria química	88.91	2.02	1.2970	0.09	1.46	0.002%
25	Industria del plástico y del hule	2.82	0.06	0.0025	0.00	0.09	0.000%
26	Fabricación de productos a base de minerales no metálicos	175.14	3.98	0.0103	0.00	0.01	0.000%
27	Industrias metálicas básicas	12.51	0.28	0.0013	0.00	0.01	0.000%
28	Fabricación de productos metálicos	22.61	0.51	0.0087	0.00	0.04	0.000%
29	Fabricación de maquinaria y equipo	3.67	0.08	0.0944	0.01	2.57	0.003%
30	Fabricación de equipo de computación, comunicación, medición y de otros equipos, componentes y accesorios electrónicos	0	0.00	0.0000	0.00	0.00	0.000%
31	Fabricación de accesorios, aparatos eléctricos y equipo de generación de energía eléctrica	20.44	0.46	0.0001	0.00	0.00	0.000%
32	Fabricación de equipo de transporte	0.03	0.00	0.0016	0.00	5.41	0.006%
33	Fabricación de muebles, colchones y persianas	9.68	0.22	2.4983	0.17	25.81	0.029%
34	Otras industrias manufactureras	6.59	0.15	55.3272	3.76	839.56	0.953%
35	Comercio	886.52	20.13	43.9969	2.99	4.96	0.006%
36	Transporte aéreo	0	0.00	0.0000	0.00	0.00	0.000%
37	Transporte por ferrocarril	0	0.00	0.0000	0.00	0.00	0.000%
38	Transporte por agua	0	0.00	0.0000	0.00	0.00	0.000%
39	Autotransporte de carga	529.45	12.02	921.1883	62.66	173.99	0.197%
40	Transporte terrestre de pasajeros, excepto por ferrocarril	804.71	18.27	1.3612	0.09	0.17	0.000%

42	Transporte turístico	15.93	0.36	0.0000	0.00	0.00	0.000%
43	Servicios relacionados con el transporte	0.44	0.01	0.1873	0.01	42.57	0.048%
44	Servicios postales	0.02	0.00	0.0000	0.00	0.00	0.000%
45	Servicios de mensajería y paquetería	0.05	0.00	0.0913	0.01	182.53	0.207%
46	Servicios de almacenamiento	0	0.00	0.0000	0.00	0.00	0.000%
47	Edición de periódicos, revistas, libros, software y otros materiales, y edición de estas publicaciones integrada con la impresión	0.19	0.00	0.3855	0.03	202.92	0.230%
48	Industria fílmica y del video, e industria del sonido	0.02	0.00	0.9959	0.07	4979.66	5.652%
49	Radio y televisión	0.1	0.00	0.4755	0.03	475.48	0.540%
50	Otras telecomunicaciones	0.61	0.01	0.3956	0.03	64.85	0.074%
51	Procesamiento electrónico de información, hospedaje y otros servicios relacionados	0	0.00	0.0000	0.00	0.00	0.000%
52	Otros servicios de información	0	0.00	0.0000	0.00	0.00	0.000%
54	Instituciones de intermediación crediticia y financiera no bursátil	8.11	0.18	16.8680	1.15	207.99	0.236%
55	Actividades bursátiles, cambiarias y de inversión financiera	0.03	0.00	0.0353	0.00	117.62	0.134%
56	Compañías de fianzas, seguros y pensiones	0.01	0.00	0.1019	0.01	1018.98	1.157%
57	Servicios inmobiliarios	0.28	0.01	0.6151	0.04	219.67	0.249%
58	Servicios de alquiler de bienes muebles	0.06	0.00	0.0000	0.00	0.00	0.000%
59	Servicios de alquiler de marcas registradas, patentes y franquicias	0	0.00	0.0000	0.00	0.00	0.000%
60	Servicios profesionales, científicos y técnicos	0.21	0.00	1.3370	0.09	636.67	0.723%
61	Corporativos	0.02	0.00	2.2973	0.16	11486.27	13.038%
62	Servicios de apoyo a los negocios	0.35	0.01	3.0793	0.21	879.80	0.999%
63	Manejo de desechos y servicios de remediación	80.83	1.84	0.0004	0.00	0.00	0.000%
64	Servicios educativos	0.51	0.01	5.5706	0.38	1092.27	1.240%
65	Servicios médicos de consulta externa y servicios relacionados	0.17	0.00	1.2443	0.08	731.95	0.831%

66	Hospitales	0.1	0.00	0.7899	0.05	789.91	0.897%
67	Residencias de asistencia social y para el cuidado de la salud	0	0.00	0.0894	0.01	0.00	0.000%
68	Otros servicios de asistencia social	0.01	0.00	0.4300	0.03	4300.19	4.881%
69	Servicios artísticos, culturales y deportivos, y otros servicios relacionados	0.14	0.00	0.7003	0.05	500.21	0.568%
70	Museos, sitios históricos, zoológicos y similares	0	0.00	0.0000	0.00	0.00	0.000%
71	Servicios de entretenimiento en instalaciones recreativas y otros servicios recreativos	0.07	0.00	0.7773	0.05	1110.36	1.260%
72	Servicios de alojamiento temporal	0.23	0.01	0.8877	0.06	385.97	0.438%
73	Servicios de preparación de alimentos y bebidas	0.39	0.01	3.9883	0.27	1022.64	1.161%
74	Servicios de reparación y mantenimiento	6.39	0.15	2.5578	0.17	40.03	0.045%
75	Servicios personales	0.08	0.00	0.5743	0.04	717.91	0.815%
76	Asociaciones y organizaciones	0.03	0.00	0.4875	0.03	1624.98	1.845%
	SUMATORIAS	4404.600	100.000	1470.237	100.000	88098.373	100%

Anexo V. Índices de dispersión y sensibilidad de emisiones de GEI ponderados de 2003

No	Actividad económica	*Demanda (fj)*	*Oferta (hi)*
1	Agricultura	0.5470	0.7456
2	Cría y explotación de animales	3.5751	2.4564
3	Aprovechamiento forestal	14.8938	20.4231
4	Pesca, caza y captura	0.0004	0.0003
5	Servicios relacionados con las actividades agropecuarias y forestales	0.0000	0.0000
7	Minería de minerales metálicos y no metálicos, excepto petróleo y gas	0.0059	0.0643
8	Servicios relacionados con la minería	0.0000	0.0000
9	Generación, transmisión y distribución de energía eléctrica	6.9512	7.7886
10	Suministro de agua y suministro de gas por ductos al consumidor final	0.2300	0.3787
11	Edificación	1.5663	0.0067
12	Construcción de obras de ingeniería civil	0.5933	0.0027
13	Trabajos especializados para la construcción	0.0025	0.0302
14	Industria alimentaria	3.2493	0.9018
15	Industria de las bebidas y del tabaco	8.4444	3.1499
16	Fabricación de insumos textiles y acabado de textiles	0.0358	0.0257
17	Fabricación de productos textiles, excepto prendas de vestir	0.8045	0.4431
18	Fabricación de prendas de vestir	0.1740	0.1302
19	Curtido y acabado de cuero y piel, y fabricación de productos de cuero, piel y materiales sucedáneos	0.0143	0.0104
20	Industria de la madera	0.8275	0.0847
21	Industria del papel	6.1241	5.0709
22	Impresión e industrias conexas	0.1562	0.1693

23	Fabricación de productos derivados del petróleo y del carbón	0.8839	0.5623
24	Industria química	1.4963	1.1994
25	Industria del plástico y del hule	0.1173	0.0995
26	Fabricación de productos a base de minerales no metálicos	1.8966	2.0851
27	Industrias metálicas básicas	0.2719	0.1584
28	Fabricación de productos metálicos	0.4428	0.3479
29	Fabricación de maquinaria y equipo	0.0861	0.0626
30	Fabricación de equipo de computación, comunicación, medición y de otros equipos, componentes y accesorios electrónicos	0.0000	0.0000
31	Fabricación de accesorios, aparatos eléctricos y equipo de generación de energía eléctrica	0.5393	0.4151
32	Fabricación de equipo de transporte	0.0056	0.0017
33	Fabricación de muebles, colchones y persianas	0.2862	0.1531
34	Otras industrias manufactureras	0.1732	0.0809
35	Comercio	18.5513	27.4135
36	Transporte aéreo	0.0000	0.0000
37	Transporte por ferrocarril	0.0000	0.0000
38	Transporte por agua	0.0000	0.0000
39	Autotransporte de carga	7.8679	8.5515
40	Transporte terrestre de pasajeros, excepto por ferrocarril	18.7962	13.9810
42	Transporte turístico	0.3855	0.3051
43	Servicios relacionados con el transporte	0.0288	0.0200
44	Servicios postales	0.0035	0.0038
45	Servicios de mensajería y paquetería	0.0362	0.0117
46	Servicios de almacenamiento	0.0012	0.0257
47	Edición de periódicos, revistas, libros, software y otros materiales, y edición de estas publicaciones integrada con la impresión	0.0212	0.2743
48	Industria fílmica y del video, e industria del sonido	0.0218	0.0018
49	Radio y televisión	0.0392	0.0026
50	Otras telecomunicaciones	0.3777	0.3091
51	Procesamiento electrónico de información, hospedaje y otros servicios relacionados	0.0003	0.0007
52	Otros servicios de información	0.0002	0.0004
54	Instituciones de intermediación crediticia y financiera no bursátil	0.4988	2.1796
55	Actividades bursátiles, cambiarias y de inversión financiera	0.0035	0.0349
56	Compañías de fianzas, seguros y pensiones	0.0015	0.0316
57	Servicios inmobiliarios	0.0371	0.0966
58	Servicios de alquiler de bienes muebles	0.0070	0.1364
59	Servicios de alquiler de marcas registradas, patentes y franquicias	0.0000	0.0000
60	Servicios profesionales, científicos y técnicos	0.0409	0.5414

61	Corporativos	0.0000	0.0362
62	Servicios de apoyo a los negocios	0.0316	0.7097
63	Manejo de desechos y servicios de remediación	1.8087	1.6667
64	Servicios educativos	0.0602	0.0188
65	Servicios médicos de consulta externa y servicios relacionados	0.0674	0.0035
66	Hospitales	0.1170	0.0016
67	Residencias de asistencia social y para el cuidado de la salud	0.0002	0.0000
68	Otros servicios de asistencia social	0.0114	0.0003
69	Servicios artísticos, culturales y deportivos, y otros servicios relacionados	0.0275	0.0037
70	Museos, sitios históricos, zoológicos y similares	0.0000	0.0000
71	Servicios de entretenimiento en instalaciones recreativas y otros servicios recreativos	0.0539	0.0015
72	Servicios de alojamiento temporal	0.1128	0.0727
73	Servicios de preparación de alimentos y bebidas	0.2630	0.0681
74	Servicios de reparación y mantenimiento	1.6043	1.7667
75	Servicios personales	0.0410	0.0030
76	Asociaciones y organizaciones	0.0200	0.0104
	MEDIAS	1.4429	1.4429

Anexo VI. Principales Leyes y reglamentos en Michoacán en materia ambiental

A. LEY DE RESPONSABILIDAD AMBIENTAL PARA EL ESTADO DE MICHOACÁN DE OCAMPO.

ARTÍCULO 7. A efecto de otorgar certidumbre a los agentes económicos, la Secretaría deberá emitir normas ambientales estatales, que tengan por objeto establecer caso por caso y atendiendo la Ley de la materia, las cantidades mínimas de deterioro, pérdida, cambio, menoscabo, afectación, modificación y contaminación, necesarias para considerarlas como adversas y dañosas. Para ello, se garantizará que dichas cantidades sean significativas y se consideren, entre otros criterios, el de la capacidad de regeneración de los elementos naturales.

Las personas y las organizaciones sociales y empresariales interesadas, podrán presentar a la Secretaría propuestas de las normas ambientales estatales a las que hace referencia el presente artículo, en términos del procedimiento previsto por las leyes ambientales.

ARTÍCULO 10. Los responsables del daño ambiental también lo serán de los daños a la salud o afectación a la integridad personal que aquél ocasione, directa o indirectamente, y estarán obligados al pago de una indemnización conforme a lo previsto en la presente Ley.

ARTÍCULO 16. Toda persona física o moral que con su acción u omisión ocasione directa o indirectamente un daño al ambiente, será responsable y estará obligada a la reparación de los daños, o bien, cuando la reparación no sea posible, se procederá a la compensación ambiental, en los términos de la presente Ley.

ARTÍCULO 18. Será objetiva la responsabilidad ambiental, cuando los daños ocasionados al ambiente surjan directa o indirectamente de:

I. Cualquier acción u omisión relacionada con residuos especiales o urbanos; II. La realización de actividades no consideradas altamente riesgosas; y, III. Aquellos supuestos y conductas previstos por el artículo 1079 del Código.

B. REGLAMENTO DE LA LEY DE CAMBIO CLIMATICO DE MICHOACÁN.

Artículo 32. El Inventario Estatal es un instrumento estratégico para la gestión de la calidad del aire, y deberá estar integrado por: I. Fuentes Puntuales o fijas (Industria); II. Fuentes Móviles (vehículos automotores que circulan por calles y carreteras); III. Fuentes de Área (Comercios, servicios, casas habitación, vehículos automotores que no circulan por carreteras); IV. Fuentes Naturales (Erosión de suelo y emisiones biogénicas); y, V. El reporte de datos, documentos y registros de información deberán integrarse en el formato de Licencia Ambiental Única (LAU), y los reportes a través de los procedimientos de integración de las Cédulas de Operación Anual (COA), que serán facilitados a los Ayuntamientos por la Secretaría.

Artículo 39. Para poder firmar acuerdos de coordinación y participar de los recursos del Sub-Fondo, los Ayuntamientos del Estado deberán contar con lo siguiente: I. Programas Municipales de Acción Climática y solicitud de exposición de motivos para acceder a los recursos del SubFondo, aprobada por el Cabildo y Presidente Municipal y precisar si los recursos serán ejercidos en proyectos y/o acciones de mitigación y/o adaptación al cambio climático; II. Aportaciones económicas propias; III. Mecanismos que permitan la transparencia en el ejercicio de recursos; y, IV. Sistemas para medir, reportar y verificar, las emisiones de (GEI), de fuentes fijas y móviles de competencia estatal. En caso de incumplimiento, la Comisión Intersecretarial a través de la Secretaría, podrán suspender o cancelar el acceso al SubFondo.

Artículo 41. La Secretaría solicitará a los Ayuntamientos un reporte anual de las políticas implementadas en materia de cambio climático de su Municipio, para integrarlo al Sistema Estatal de Información sobre el Cambio Climático. Dicho reporte deberá ser presentado por los Ayuntamientos en el primer bimestre del año próximo siguiente.

Artículo 51. El Registro Estatal será público y podrá ser consultado por cualquier persona, a través de la página web de la Secretaría, en los Términos de la Ley de Transparencia, Acceso a la Información Pública y Protección de Datos Personales del Estado de Michoacán de Ocampo.

Artículo 53. En el período comprendido entre el 1º de enero y el 30 de abril de cada año, los establecimientos sujetos a reporte, deberán integrar al Registro Estatal, la información de sus emisiones directas e indirectas generadas entre el 1º de enero y el 31 de diciembre del año inmediato anterior, la cual contendrá: I. Nombre, denominación o razón social; II. Número de Registro Federal de Contribuyentes; III. Clave de la actividad preponderante conforme al Sistema de Clasificación Industrial de América del Norte, vigente al momento de la presentación de la información; IV. Nombre del representante legal, así como de las personas autorizadas para oír y recibir notificaciones; V. Domicilio, dirección electrónica u otros medios para recibir notificaciones, tratándose de medios electrónicos, deberá manifestar expresamente su conformidad para recibir las notificaciones a través de dichos medios; VI. Periodo que se reporta; VII. Los resultados de la cuantificación de sus emisiones indirectas por tipo de gases o CEI, calculada conforme a la metodología; y, VIII. Los establecimientos sujetos a reporte que, conforme a las disposiciones jurídicas aplicables, también estén obligados a la presentación de la Cédula de Operación Anual, podrán sustituir la información contenida en las fracciones I a V del presente artículo, incorporando al sistema el archivo electrónico que corresponda a la Cédula de Operación Anual del periodo que se reporta.

C. LEY DE CAMBIO CLIMÁTICO DEL ESTADO DE MICHOACÁN DE OCAMPO.

ARTÍCULO 10. En la formulación, conducción y ejecución de la política estatal de cambio climático, se observarán los principios que establece la Ley General de Cambio Climático.

ARTÍCULO 14. La política estatal de mitigación debe incluir, a través de los instrumentos de planeación, política, control y los instrumentos económicos previstos en la presente Ley, un diagnóstico, planificación, medición, monitoreo, reporte, verificación y evaluación de las emisiones estatales. Esta política deberá establecer planes, programas, acciones, instrumentos económicos, de política, regulatorios y de inspección y vigilancia para el logro gradual de metas de reducción de emisiones específicas, por sectores y actividades tomando como referencia los escenarios de línea base y líneas de base por sector que se establezcan en los instrumentos previstos por la presente Ley.

ARTÍCULO 17. La Secretaría con apoyo de la Comisión Intersecretarial realizará el balance energético del Estado, y su actualización cada tres años, con el objeto de identificar la demanda de energía, sus fuentes y el origen de las emisiones de gases de efecto invernadero en la Entidad.

ARTÍCULO 23. La Comisión Intersecretarial de Cambio Climático del Estado de Michoacán de Ocampo, es de carácter permanente y tiene por objeto formular y coordinar las políticas transversales de la administración pública estatal en materia de cambio climático.

ARTÍCULO 36. Son instrumentos de la política estatal en materia de cambio climático, los siguientes: I. El Programa Estatal; II. El Atlas Estatal de Riesgo; III. El Inventario; IV. El Fondo Ambiental; V. El Sub-Fondo; VI. El Sistema Estatal; VII. El Registro Estatal; VIII. Los Programas de Ordenamiento Ecológico Territorial; IX. Los Programas de Desarrollo Urbano; X. El Sistema Estatal de Áreas para la Conservación del Patrimonio Natural; XI. Las Normas Oficiales Mexicanas; XII. Los Instrumentos Económicos; XIII. Los Instrumentos de Control y, XIV. Las Normas Técnicas en materia de Cambio Climático.

ARTÍCULO 38. El Programa Estatal es el instrumento de planeación de la política transversal que determina los objetivos, estrategias, metas, acciones vinculantes en materia de mitigación y adaptación al Cambio Climático para la administración pública estatal mediante la asignación de recursos, responsabilidades, tiempos de ejecución, coordinación de acciones y evaluación de resultados, de acuerdo con el Plan de Desarrollo

Integral del Estado de Michoacán. El Programa Estatal, será elaborado por la Secretaría y será puesto a consideración de la Comisión Intersecretarial, una vez aprobado, será publicado en el Periódico Oficial.

ARTÍCULO 39. El Programa Estatal será elaborado cada seis años, dentro de los primeros meses de gobierno, con una perspectiva de largo plazo.

ARTÍCULO 43. Los gobiernos municipales, en el ámbito de sus competencias, deberán elaborar y publicar sus programas municipales de cambio climático, como instrumento de planeación e implementación de políticas públicas, metas e indicadores urbanos y ambientales que las autoridades locales se comprometen a cumplir durante el periodo de gobierno correspondiente, de conformidad con el Programa Estatal y las disposiciones de esta Ley para enfrentar al cambio climático.

ARTÍCULO 71. El Poder Ejecutivo y los ayuntamientos, en el ámbito de sus respectivas competencias, diseñarán, desarrollarán y aplicarán instrumentos económicos que incentiven el cumplimiento de los objetivos de la política estatal en materia de cambio climático.

ARTÍCULO 72. Se consideran instrumentos económicos los mecanismos normativos y administrativos de carácter fiscal, financiero o de mercado, mediante los cuales las personas asumen los beneficios y costos relacionados con la mitigación y adaptación del cambio climático, incentivándolas a realizar acciones que favorezcan el cumplimiento de los objetivos de la política estatal en la materia.

ARTÍCULO 73. Se consideran prioritarias, para efectos de la aplicación de los instrumentos económicos:

I. La investigación, incorporación o utilización de mecanismos, equipos y tecnologías que tengan por objeto evitar, reducir o controlar las emisiones; así como promover prácticas de eficiencia energética; II. La investigación e incorporación de sistemas y prácticas de eficiencia energética; y desarrollo de energías renovables y tecnologías de bajas emisiones en carbono; III. Incorporar los ecosistemas forestales a esquemas de pago de servicios ambientales, áreas naturales protegidas, unidades de manejo para la conservación de la vida silvestre o de manejo forestal; y, IV. En general, aquellas actividades relacionadas con la mitigación de emisiones de gases de efecto invernadero y la adaptación a los efectos del cambio climático.

ARTÍCULO 83. La Secretaría, por conducto de la Procuraduría y los Ayuntamientos en el ámbito de su competencia, realizarán actos de inspección, verificación y vigilancia a las personas físicas o morales sujetas a reporte de emisiones, para verificar la información proporcionada, de acuerdo con las disposiciones reglamentarias que deriven de la presente Ley.

Anexo VII. Artículos del Reglamento de la Ley de Comunicaciones y Transportes del Estado de Michoacán.

Artículo 45.- Los vehículos que presten el servicio público de transporte de carga concesionado o permisionado, deberán cumplir con los límites de emisiones de ruido y contaminantes fijados por las normas oficiales, con la Ley de Protección al Ambiente del Estado y el Reglamento de la Ley de Policía y Tránsito del Estado. De igual forma deberán utilizar los sistemas y equipos que determinen la SEDUE y la COCOTRA.

Artículo 58.- Independientemente de lo establecido en los artículos 42 y 43 de la Ley, la DGSPT, así como, los Inspectores de la COCOTRA, estarán facultados para imponer sanciones cuando se cometan infracciones en materia de tránsito y transporte terrestre.

XV. Por dejar de cumplir en tiempo y forma los requisitos de la revista y verificación vehicular de emisión de contaminantes obligatoria en los vehículos que presten el servicio público de transporte en cualquiera de sus modalidades, se sancionará al concesionario o permisionario con multa de 60 a 100 veces el valor de la Unidad de Medida y Actualización vigente.

El propietario de los vehículos o bienes afectos a los servicios conexos, dispondrá de un plazo de 30 días hábiles contados a partir de la fecha en que se fijó la multa para cubrirla, así como los gastos a que hubiere lugar, en caso contrario, se formulará la liquidación y se turnarán los documentos junto con los otros vehículos o bienes a la Tesorería General del Estado, para que ésta en cumplimiento a sus atribuciones, efectúe los procedimientos administrativos para su cobro.

Anexo VIII. Principales variables económicas del autotransporte de carga en Morelia

	Total, municipal	Autotransporte de carga
Personal ocupado total	155977	1400
Personal remunerado total	83406	1003
Total, de remuneraciones (millones de pesos)	7207.782	104.998
Total, de gastos por consumo de bienes y servicios (millones de pesos)	60928.406	291.102
Producción bruta total (millones de pesos)	49168.536	525.905
Consumo intermedio (millones de pesos)	25800.816	291.102
Valor agregado censal bruto (millones de pesos)	23367.72	234.803
Inversión total (millones de pesos)	1718.219	4.727
Formación bruta de capital fijo (millones de pesos)	1562.806	4.67
Variación total de existencias (millones de pesos)	155.413	0.057
Acervo total de activos fijos (millones de pesos)	27498.868	618.174
Depreciación total de activos fijos (millones de pesos)	2012.809	75.659
Total, de gastos (millones de pesos)	64933.947	296.963
Total, de ingresos (millones de pesos)	86523.275	526.315